KB167134

사주(四柱) 이야기

차례

Contents

미아리 점집은 사라지고

서울 돈암동에서 길음동으로 넘어가는 길에 미아리(彌阿里)고개가 있다. 대단히 번화한 곳도 아닌데다가 지하철까지 일반화되면서 그 고개를 직접 보며 걸어갈 일은 별로 없다. 고개를 넘는 대신 지하철 4호선을 타고 성신여대입구역·길음역을 지나는 동안 미아리고개는 사라지고 만다. 서울 사는 사람들에게도 미아리고개는 존재감 없는 곳이다.

미아리의 추억

지금은 이렇게 잊힌 곳이 되었지만, 미아리고개는 오랫동안 기층 민중들의 한(恨)과 바람을 몸으로 품은 공간이었다. 그 이름을 다시 보자. 미아리는 고개 근처 '미아사(彌阿寺)'라는 절 이름에서 유래하는데, '미아'라는 절 이름은 불교의 대표적 부처 중 하나인 '아미타불(阿彌陀佛)'을 뜻한다. 중생 구원에 모든 것을 걸었던 부처, 살아 있는 동안 한번이라도 자신의 이름(아미타)을 부르면 그 중생을 구원받게 해주겠다는 서원을 한 부처가 아미타였다. 불교의 대표적 염불이 '나무아미타불'에 '관세음보살' 아니던가?

사람들의 한과 그 한으로부터 구원받고 싶다는 바람을 담은 미아리고개의 속내……. 지리적 우연인지 모르겠지만 현대사로 진입하면서 그 속내는 깊이를 더해갔다.

지금은 서울의 동북쪽 경계가 도봉구와 노원구까지 확장됐지만, 몇십 년 전만 해도 그 경계는 미아리고개였다. 그러니까 미아리고개는 서울과 비(非) 서울, 중심과 변두리를 구분하는 경계인 동시에 둘을 연결하는 관문이었던 것이다. 경계의 삶, 변두리의 삶은 언제나 중심으로 진입하고 싶다는 바람과 함께 중심으로 진입하지 못한 한을 함께 품고 있기 마련이다.

그런 미아리고개는 20세기 중반 한국전쟁을 통해 뭐랄까, 하나의 트레이드 마크같은 비극적 상황을 맞게 되는데(어쩌면 운명이었는지도 모른다), 지금도 가끔씩 TV를 통해 들을 수 있는 트로트 노래 〈단장의 미아리고개〉가 바로 그 상황의 상징이다. 생소한 한자어인 단장(斷腸)은 창자가 끊어질 정도의 고통이니 어렵지 않게 그 비극의 정도를 가늠할 수 있다.

서울 북쪽으로 진입하는 주요한 관문이었으니 전쟁 당시 미아리고개에서는 우리 국군과 북한 인민군 사이에 교전이 발생할 개연성이 컸다. 특히 한국전쟁 당시 납북된 사람들은 인민군이 북으로 후퇴할 때 바로 이곳에서 가족들과 마지막 작별의 순간을 가져야 했는데, 〈단장의 미아리고개〉는 바로 그 처절한 풍경을 그리고 있는 것이다. 이 고개에서 '철삿줄로 두 손 꽁꽁 묶인' 남편과 아버지가 비참하게 끌려갔고, 그들이 끌려가는 동안 '미아리 눈물 고개, 임이 떠난 이별 고개'는 20세기 최대 비극의 상징이 되고 있었다.

점성촌

그러나 아무리 극악한 경험이라도 잊고 살아가는 게 인간이다. 급속한 산업화를 거치면서 단장의 비애(悲哀)는 전쟁의 상흔과 함께 가사 속으로 침잠했다. 그러나 미아리고개는 20세기 후반을 지나며 또 한 번 특이한 정체성을 갖게 된다. 그 정체성은 누구도 예상 못할 만큼 독특한 것이었지만, '한과 바람'이란 키워드를 여전히 놓지 않았다.

역술인들, 속칭 점쟁이들이 몰리기 시작하면서 고개 양쪽 밑 좁은 길가로 '미아리 점성촌'이 형성된 것이다. 1960년대부터 언덕 양쪽 옹벽 아래로 몰려들기 시작한 역술인들은 1980년대를 지나면서 100여 곳이 넘는 점집을 만들어냈고, 대한민국의 대표적인 '점(占) 공간'으로서 한동안 명성을 이어갔다. 삶의 피로와 울분 그리고 불안과 불만을 토로할 데 없던 전국 각지의 서민들이 일제히 미아리고개로 몰려들었다.

삶에 찌든 채 희망을 발견하기 어려웠던 서민들은 미아리의 역술인들 앞에 그들의 좌절과 그럼에도 포기할 수 없었던 한 줌의 꿈을 꺼내놓았고, 그 꿈의 실현 가능성에 대해 비밀스러운 얘기를 들었다. 그곳을 찾아가면 자신이 살아온 날들에 대한 해설을 들을 수 있었고, 자신이 살아갈 날들에 대한 언질을 받을 수 있었다.

그러나 그렇게 한과 울분, 불안과 바람, 예언이 한데 뒤섞인 특이한 시공간으로서의 미아리고개는 21세기의 첫 10년을 견뎌내기 어려웠다. 손님들의 발길이 끊기고 점집도 사라지기 시작했다. 땅속으로 출퇴근하는 지하철 승객들에게 지상의 미아리고개는 '인식'할 수 있는 대상이 아니다. 버스나 승용차를 타고 그곳을 지나친다 한들, 보이는 것은 저 위에서 옹벽에 붙은 점집들의 존재를 비웃는 아파트뿐이다.

'한과 바람의 공간'으로서의 미아리고개는 그러니까, 적어도 물리적인 측면에서는 사라진 것이다. 중생들을 구원해줄 아미타 부처님에 대한 염원을 담았던 미아리고개, 창자를 끊는 고통을 달래주었던 미아리고개, 변두리 인생들에게 '점'이라는 묘한 도구로 정신적 안식을 제공했던 미아리고개는 사라진 것이다.

그러나 우리의 불안과 미래에 대한 바람은 쉽사리 추억이 되지 않는다. 어디에서든 그 처소를 찾아내고 마는 것이다. 과연 21세기 한국의 '미아리고개'는 어디일까?

사주의 산업화

미아리고개는 사라졌어도 그 고개가 천 년 넘게 품었던 한과 바람은 조금도 덜하지 않은 강도로 존재한다. 물리적 실체를 가진 치유 공간으로서 '미아리고개'의 최종 형태는 점성촌, 그러니까 점 집성촌의 형태였는데 형식은 달리할망정 점성촌이 사라지는 법은 없다. 사람들의 한과 바람이 사라지지 않는 한 치유의 공간 역시 어떤 형식으로든 존재하기 마련이기 때문이다.

사실 (물리적인 측면에서) 점성촌으로서의 미아리고개가 사라지는 건 시간 문제였다. 20세기 후반 전성기를 만들어내며 이 고개를 '전국구'로 부상시켰던 역술인들은 다양한 점들

중 주로 사주(四柱)점을 무기로 삼았다. 그런데 1960년대 미아리에 첫 둥지를 튼 역술인들이 시각장애인들이었고, 시간이 흘러 그 주체가 다변화된 이후에도 '○○도사' '○○예언가'들이 주류를 이뤘다는 점에서 이 공간이 시대 트렌드에 뒤처질 가능성은 충분했다.

2000년대 이후 트렌드에 뒤처진 '미아리고개'의 공백은 빠른 속도로, 오프라인과 온라인에서 거의 동시에 메워지기 시작했는데 그중 오프라인을 치고 들어온 것이 바로 '사주 카페'였다. 사주 카페는 타깃 층부터 달랐기 때문에 그 입지도 미아리의 '고개'와는 딴판이었다. 사주 카페의 주무대는 서울 신촌 등지의 번화한 대학가였다. 이들은 젊은이들을 상대로 커피를 팔며 음료값에 약간의 추가 요금을 더하는 방식으로 사주 상담의 물꼬를 텄다.

대학생들은 음습하고 왠지 고리타분한 느낌의 '○○도사'를 찾는 대신 잘 꾸며진 카페에 앉아 차를 마시며 인생 상담을 받았다. 고등학교 졸업 이후 처음 사귀는 이성 친구와의 만남, 전공 선택, 곧 닥쳐올 취직 문제에 대해 그들은 진지하게 묻고 비밀스러운 답변을 들었다.

애플리케이션

비슷한 시기에 온라인 사주 사이트가 하나둘 등장하기 시작했다. 이들 사주 사이트는 짤막한 '오늘의 운세'를 포함해 주역·타로를 동원한 몇 가지 무료 점괘를 맛보기로 내놓지만, 정작 중요한 무기는 1만 원을 표준가로 정해 놓은 사주점이었다. 1만 원만 내면 돈을 낸 사람의 기본적인 성격에서부터 직장 운·결혼 운까지 그 사람의 운명과 관련된 거의 모든 것이 A4 용지 서너 쪽 분량으로 정리되어 나오는 것이다.

온라인상의 사주점은 사주를 푸는 방식의 전산화와 표준화를 전제로 한다. 1만 원을 낸 사람이 입력하는 연·월·일·시의 정보를 서너 쪽에 달하는 운명 브리핑으로 변화시킬 수 있는 '프로그램'이 필요하다는 얘기다. 이런 프로그램들이 사주의 산업화를 촉진시켰음은 물론이다.

이어 스마트폰 시대가 열리면서 인터넷 사주는 자연스럽게 스마트폰의 애플리케이션(Application) 산업으로 이어진다. 구글 플레이스토어(Play Store)에 '사주'라는 단어를 쳐보라. 1,000개를 훌쩍 넘는 관련 애플리케이션이 주르륵 뜬다. 이들 사주 관련 앱(App)은 사주풀이를 간소화·맞춤화하고, 상담비용 역시 1,000원에서 7,000~8,000원 수준까지 다양화해 사람들을 유혹하고 있다.

내 사주 내가 본다

그런데 '미아리 점성촌'의 변용과 확산을 근대적인 것에서 현대적인 것으로, 아날로그적인 것에서 디지털적인 것으로의 전환으로만 볼 필요는 없다. 인터넷 사주, 사주 애플리케이션의 확산과 별도로 2000년대 이후 사주 관련 오프라인 강좌와 책들이 급증하고 있기 때문이다.

출판의 경우, 일찌감치 '고전'으로 자리매김하며 사주 관련 입문서 분야의 강자로 군림하고 있는 책이 있었다. 백영관(白靈觀)이란 이가 쓴 『사주정설(四柱精說)』이라는 책인데, 1960년대 이후 사주 입문서로 각광을 받았다. 검사 출신의 변호사가 썼다는 사실('백영관'은 필명)이 뒤늦게 화제가 됐고, 저자의 직업 특성상 가능했던 논리적 설명이 사주를 배우려는 사람들의 관심을 끌었을 것이다. 그러나 글이 세로로 쓰여 있어 읽기 쉽지 않고, 한자의 등장도 빈번해 시대적인 한계를 갖고 있던 것도 사실이다.

이어 2000년대 이후 젊은 세대를 겨냥해 쉽게 쓴 사주 입문서들이 쏟아지면서 '사주의 대중화'를 부추겼다. 전통 사주 중 난해한 기법들을 과감히 버리고 편집을 현대화한 이런 책들은 많은 이들에게 '내 사주는 내가 본다'는 마인드를 갖게 했다. 명실상부하게 사주의 대중화·개인화가 시작된 것이다.

사주 강좌의 경우, 당초 개인이 운영하는 역학원들이 소규모로 개설되는 수준이었는데 백화점 문화센터에 이어 대학교 평생교육원까지 '생활명리'라는 절묘한 이름으로 사주 강좌에 가세하면서 저변이 상당히 넓어졌다. 이들 강좌는 사주보다 고급스럽고 폭넓어 보이는 명칭인 '명리(命理)', 즉 '운명(命)의 원리(理)'에 대한 강의를 표방하지만, 실제 내용은 그냥 사주에 대한 것이다. 이렇게 다양해진 사주 강좌들 역시 쉬워진 사주 입문서와 함께 '내가 직접 보는 사주'를 유행시키는 데 큰 역할을 했다.

그런데 상시적인 불황 그리고 최근의 고령화 추세와 맞물려 주목을 끄는 대목이 있다. 2~3개월의 단기 사주 강좌를 통해 기초적인 사주 기법을 익힌 이들이 대거 거리로 쏟아져 나오고 있는 것이다. 아울러 이들이 대로변이나 지하철 환승역에 개설하는 미니 점집들도 우후죽순 등장하고 있다. 최근 명리 강좌 수강생 모집광고에 '은퇴 후 제2의 직업 준비'와 같은 표현들이 자주 언급되는 것도 이런 분위기를 반영한다. 유력한 자영업 업종으로 사주 상담이 떠오르고 있는 것이다.

2010년대 이후 한국역술인협회의 회원이 30만 명에 육박하고, 무속을 뺀 점 관련 산업시장의 규모가 2조 원에 이른다는 통계 또한 이러한 상황을 반영한다.

사주, 어떻게 볼 것인가

　미아리고개의 점집들은 자취를 감추었다. 하지만 길흉화복을 알려준다는 점(占), 그중에서도 사주점의 확산은 멈추지 않고 있다. 사주가 무엇이기에, 사주 속에 어떤 비밀스러운 것이 담겨 있기에 그렇게 질긴 생명력을 갖는 것일까? 이 도저(到底)한 이성의 시대, 과학의 시대에 사주는 과연 무엇인가? 우리는 사주를 어떻게 볼 것인가? 이 질문은 결국 두 가지로 읽힌다.

　하나는 말 그대로 사주를 보는, 달리 말하면 사주를 푸는 방식에 관한 것이다. 연·월·일·시 네 개(四)의 기둥(柱)을 한데 세워놓았다고 해서 '사주(四柱)'다. 사주 각각의 기둥은 흔히 '60갑자'라 부르는 60개의 기호에서 한 개씩 뽑히는 방식으로 세워진다. 이때 각각의 기둥이 뜻하는 연·월·일·시는 한 사람이 태어난 생년·생월·생일·생시다.

　그런데 한 사람의 생년월일과 태어난 시간을 특정 기호를 이용해 이렇게 네 개의 기둥으로 세워놓고 나면, 그 기호들의 조합에서 사람의 운명이 술술 풀려 나온다는 것이 사주점을 업(業)으로 삼는 사람들의 주장이다.

　'사주를 어떻게 볼 것인가'의 문제는 그렇게 기호로서의 '사주'에서 어떻게 인간의 운명과 미래의 행로를 추출해내는

지 그 방법을 알아보는 것이다. 몇 가지 간단한 기호가 어떻게 파란만장한 인간의 삶으로 번역되는지, 가급적 간단한 방법으로 정리해보는 작업인 셈이다.

이와 더불어, 시대가 아무리 첨단으로 달려도 수그러들지 않는 '사주의 영향력은 또 어떻게 해석할 것인가?' 하는 의미에서 사주를 볼 수 있다. 현대적인 시각에서 일도양단(一刀兩斷)으로 말한다면 사주는 물론, 믿을 수 없다. 지극히 동양적인 전통과 맥락에 자리 잡고 있는 사주에 대해 정도를 뛰어넘는 오해와 편견이 있는 게 사실이지만, 논리의 비약과 과학적 근거의 박약이라는 혐의에서 사주가 완전히 자유로울 수도 없다. 이 시대에 사주를 전폭적으로 믿는다는 건, 그래서 있을 수 없는 일이다. 그런데 왜 사주에 대한 의존은 수그러들지 않는가?

길흉을 점치는 테크닉으로서의 정체성 외에 사주를 영속하게 하는 또 다른 본질이 있는 것은 아닐까? 삶의 반영 또는 상징으로서, 또 삶의 드라마를 유형화한 스토리로서 사주가 시대를 견뎌내는 강력한 요소를 갖춘 것은 아닐까? 과연 사주가 그렇게 평가해줄 만한 값진 요소를 갖고 있는 것일까? 사주를 정말 어떻게 볼 것인가?

팔자^(八字)

시대를 막론하고 '그놈의 팔자^(八字)'가 문제다.

나쁜 일이 닥치면 "아이고, 내 팔자야!" 한탄하고, 누군가의 좋은 시절이 부러울 때는 "팔자가 늘어졌구나!" 비아냥댄다. 누구에게나 '팔자는 시간문제'인 법이어서 잘나가던 사람이 졸지에 거리에 나앉기도 하지만, 운이 좋아 일거에 '팔자를 고치는' 사람도 있기 마련이다. 자신의 삶을 돌아보면서 대개 '팔자 한번 사납다'는 생각을 하지만, 다른 이들의 삶이 눈에 들어오면 '어쩜 그리 타고난 팔자가 좋을까' 하고 질투한다. 많은 이들이 틈만 나면 '팔자 소관'을 얘기하지만, 또 그만큼 많은 사람들이 '팔자는 알 수 없다'고 말하기도 한다.

팔자라는 것

도대체 팔자가 무엇이기에 늘어졌다가, 사나웠다가, 타고났다가, 시간 문제였다가, 끝내는 알 수 없기까지 한 걸까?

'팔자'에 대해 국립국어원의 『표준국어대사전』은 '사람의 한평생 운수'라고 풀이한다. 다시 '운수'에 대해 사전은 '이미 정하여져 있어 인간의 힘으로는 어쩔 수 없는 천운(天運)과 기수(氣數)'라고 풀고 있으니, 팔자는 '사람의 것이긴 하되 사람의 힘으로 바꿀 수 없는, 하늘이 내려준 운명' 정도 될 것이다. '기수'는 논의를 번잡하게 할 수 있으니 풀이를 생략하고 넘어간다.

말하자면 '팔자=운명'인 것인데 그 함의(含意)는 '운명'이란 한자어의 건조한 느낌을 훨씬 뛰어넘는다. '팔자'라는 말에는 수백 년에 걸친 필부필부(匹夫匹婦)의 고단한 삶이 아로새겨져 있기 때문일 것이다. '팔자'가 거리의 용어라면 '운명'은 책 속의 용어다. '팔자'가 민중들의 탄식을 담고 있다면 '운명'은 기껏해야 식자(識者)들의 철학적 곤란을 담을 수 있을 뿐이다.

잘못을 저질렀으나 미워할 수 없는 막내아들을 탓하듯 "아이고, 내 팔자야!"를 외치고, 서운하게 대하는 친구의 성격을 묘사라도 하듯 '사납다'는 형용사를 붙이는 것은 삶으로 파고든 팔자의 위력을 반영하는 것이다. 팔자는 신비하면서도 세속적인 단어다. 수많은 민초들과 생사고락을 같이하며 숭고와 세속의 속내를 겸비하게 된 '팔자'라는 말은 도대체 어디에서 왔을까?

옛날 주민번호?

팔자는 한자로 '八字', 그러니까 '여덟 개의 글자'다. 싱겁기 그지없다. 오묘하거나 난해한 의미는 없다. 그냥 여덟 개의 글자여서 '팔자'다. 여덟 글자의 정체가 무엇이기에, 여덟 글자에 얼마나 깊은 뜻이 담겨 있기에, 수많은 사람들이 그 '팔자'란 것을 부여잡고 울었다 웃었다 했을까? 어떤 신비한 속뜻을 지니고 있기에 그 건조한 용어가 숱한 사람들의 마음을 잡았다 놓았다 했을까? 이 여덟 글자는 속으로 특별한 뜻을 품고 있는 암호라도 되는 걸까?

동아시아 문명권 사람들은 피상적으로나마 '60갑자'라는 것에 대해 알고 있다. 우리나라의 경우 왜란이 일어났던 1592년은 '임진'년이고, 한일강제병합이 있었던 1910년은 '경술'년이다. 구한말 동학농민전쟁은 '갑오'년(1894년)에 일어났고, 그 위로 10년 전에는 비록 실패했지만 일부 개화 세력이 '갑신'정변(1884년)이라는 쿠데타를 일으키기도 했다. 여기서 임진이니 경술이니 갑오니 하는 것들이 모두 60갑자.

근대화 이전 동아시아 사람들은 숫자로 된 연도 대신 이런 식으로 60갑자에 따른 연도로 표기했다.

이때 '60갑자'에서 '60'은 물론 숫자가 순환하는 주기를 말한다. 십진법일 경우 1에서 10까지 10개의 숫자가 순환의 기본 틀인 것처럼 '60갑자'의 순환은 1에서 60까지 60개가 순환의 기본단위가 된다. 물론 '1, 2, 3, 4, 5, 6, 7……'식의 아라비아 숫자를 사용하지는 않는다. 대신 '갑자' '을축'으로부터 시작해 '계해'로 끝나는 이른바 60개의 '간지(干支)'를 숫자 대신 사용한다. '60갑자'라 부르는 것은 순환을 시작하는 기호가 '갑자'이기 때문이다.

그런데 옛날 사람들은 연도뿐 아니라 월·일·시에도 모두 이 60갑자에 따른 숫자를 붙였다. 갑자년이 있는 것처럼 갑자월이 있고, 갑자일이 있고, 갑자시가 있는 것이다. 그러니까 삶의 모든 순간은 이런 식으로 60갑자를 이용해 고정시킬 수 있다.

예컨대 2013년 12월 25일을 옛날 사람들이 하던 대로 60갑자로 표시하면, 계사(년)|을축(월)|병신(일)이다. 만약 누군가 이날 새벽 5시(60갑자로 표시하면 '경인')에 태어났다고 하자. 오늘날의 대한민국에서 이 아이는 서류상의 주민등록번호 '131225-○○○○○○○'를 부여받겠지만, 옛날 같으면 '계사|을축|병신|경인'이란 기호를 부여받았을 것이다.

팔자는 다름 아닌 '계사|을축|병신|경인'의 여덟 글자를 뜻한다. 그리고 동시에 이 기호는 네 개의 기둥(사주)이기도 하다. 옛날 사람들은 누군가 태어나면 생년·월·일·시에 해당하는 60갑자를 뽑아 그의 '주민등록번호'를 만들어준 것이다. 우선 연·월·일·시를 각각 나타내야 하니 60갑자 중 네 개의 기호를 뽑아내야 했고, 60갑자 한 기호마다 두 글자가 필요하니 글자 수로는 여덟 개가 됐다. '사(4)주'와 '팔(8)자'란 말은 그렇게 만들어졌다.

그런데 옛사람들은 이 여덟 개의 기호, 즉 팔자에 인생의 비밀이 담겨 있다고 보았다. 그래서 그 비밀을 풀기 위해 궁리에 궁리를 거듭했다. 그게 바로 사주점의 진화 과정이다. 여기서 우리는 다시 미아리고개의 한을 품은 '사주'라는 점의 한 형식을 만나게 되는데, 사주에 대해 알아보기 전에 먼저 점 일반에 대해 간략히 정리해보자.

점의 세 가지 형식

세상에는 별의별 점이 많다. 주역과 타로, 신점(神占), 점성술에서 토정비결, 해몽, 띠별 운세까지 다양한 형식과 내용을 가진 점이 존재한다. 다양한 문명에서 다양한 시대에 탄생한 이 점들은 '미래 예측'이란 본질 외에 뚜렷이 공유하는 점이 없을 것 같지만 유형화가 가능하다. 사실 세 가지 카테고리 정도면 웬만한 점을 모두 분류할 수 있다.

첫 번째 카테고리는 '신점'과 같이 예지력(豫知力)을 이용하는 점이다. 두 번째 카테고리는 '책점'처럼 텍스트 또는 그림으로 된 데이터베이스(DB)를 활용한다. '사주점'은 세 번째 카테고리에 포함된다고 볼 수 있는데, 이 부류의 점들은 개인의 특성을 고려한 맞춤 정보를 제공한다는 특징이 있다. 세상에 수많은 점이 있지만, 그게 어떤 점이든 이 세 가지 카테고리 중 하나로 분류할 수 있다고 보면 된다.

먼저 신점처럼 예지력을 이용하는 부류의 점이다. 이런 점의 역사는 인류의 역사만큼이나 길다. 문명 이전 제사장이나 무당의 역할을 상상해보라. 부족에 중요하고 위급한 일이 있을 때 부족의 제사장은 자신과 자신을 둘러싼 사람들의 혼을 빼는 모종의 의식을 통해 하늘과의 교감을 시도한다. 이때 정상적인 상태였다면 불가능했을 혜안이 뻥 뚫린다.

고대 그리스 사람들이 애용했던 신탁(神託)의 메시지로부터 굿판을 통해 신 내림을 받은 무당이 내뱉는 말들, 21세기 한국의 역술원 간판에 단골로 등장하는 신점까지 모두 예지력을 이용한 점이다. 이런 카테고리의 점을 치는 데 다른 것은 필요치 않다. 형식이야 어찌 됐든 접신(接神)이 문제이고, 접신을 감행하는 영매(靈媒)의 숙련도가 문제될 뿐이다.

두 번째 카테고리의 책점은 서양 시대극을 연상하면 떠올릴 수 있는 그런 점이다. 전문성을 전혀 필요로 하지 않기 때문에 생소할 수도 있지만, 말 그대로 책(冊)을 이용하는 점이다. 중세 유럽이 배경인 영화들을 보면 등장인물들이 불안감을 느낄 때 가끔 성경으로 점을 치는 장면이 등장한다. 힘든 일이 생길 때 그들은 성경을 무작위로 펼친다. 그리고 펜으로 아무 곳이나 찍는다. 그때 우연히 걸린 성경 구절에서 미래를 위한 지침을 발견한다. 성경이 아니어도 좋다. 펼칠 수 있는 책이면 모두 책점의 도구가 될 수 있다.

주역과 타로

그런데 요즘 인기 있는 주역이나 타로점도 크게 보아 이런 책점에 포함시킬 수 있다. 주역점은 '시초(蓍草)'라는 이름의 갈대 비슷한 풀을 반복적으로 분류하는 작업을 통해 주역 64괘 중 하나의 괘를 골라내는 것이다. 괘는 음(--)과 양(—)을 뜻하는 여섯 개의 막대기를 아래로부터 위로 쌓아놓은 모양의 기호인데, 각 괘는 특정 상황에 대한 묘사나 그 상황에서의 행동지침을 담고 있다. 주역점을 친다는 것은 64괘 중 하나를 골라 그 괘에 담긴 해설을 미래에 대한 지침으로 받아들이는 것이다.

그런데 갈대풀을 이용해 괘를 고르는 복잡한 방식을 극단적으로 단순화하면 64괘가 수록된 주역책을 놓고 아무 데나 펼쳐 괘 하나를 골라내는 작업과 다를 게 없다.

타로의 경우 22장의 메이저 카드와 56장의 마이너 카드 중에서 몇 장의 카드를 뽑아 카드에 그려진 그림을 스토리로 엮어내는 방식인데, 이런 카드점도 그 본질에 있어 책점과 하나도 다를 게 없다. 예컨대 78장의 카드가 인쇄된 책을 무작위로 몇 차례 펼쳐서 펼쳐진 페이지의 카드들로 운명의 스토리를 엮어내도 현실적으로 아무런 차이가 없다는 것이다.

물론 주역과 타로점의 경우, 갈대를 분류하고 카드를 골라낼 때 정갈하고도 간절한 마음이 필수적이라는 이야기를 한다. 점이란 것이 하늘의 뜻을 묻는 작업이고, 그런 작업을 할 때에는 절차의 신성함 자체가 중요하다는 것이다.

개인의 특성을 고려하는 사주

그런데 신점과 책점 등 두 카테고리의 점이 공통적으로 갖는 속성이 하나 있다. 그것은 점을 의뢰한 사람의 개인 특성에 대해 완전히 무관심하다는 것이다. 주역이나 타로 같은 부류의 책점들은 점괘를 내는 과정에서 점을 소비하는 개인의 특성을 전혀 고려하지 않는다.

점을 의뢰한 사람이 처한 상황에 대해 고려하지 않는다는 얘기가 아니다. 점을 보러 가는 사람들은 저마다 언제쯤 돈을 벌 수 있을까, 회사에서 승진할 수 있을까, 시험에 합격할 수 있을까 등의 고민 하나씩을 안고 가고, 역술인은 이에 대한 답변을 들려준다.

하지만 점괘를 뽑는 과정에서 의뢰인의 개인적인 특성, 예컨대 생일이나 성격, 가족관계 등의 특성은 전혀 고려하지 않는다. 오로지 신중하고 진지한 마음으로 갈대처럼 생긴 시초를 반복적으로 분류하거나(주역) 카드를 고르는 데(타로) 열중하기만 하면 되는 것이다.

사주점은 그와 같은 약점을 보강하고 있다는 의미에서 세 번째 새로운 카테고리의 점으로 분류될 수 있다. 사주는 사주풀이를 의뢰한 이의 생년·월·일·시를 풀이의 근거로 삼기 때문이다. 점을 의뢰한 사람의 출생시점이 그 사람의 성격과 직업, 운명을 판단하는 가장 중요한 실마리가 된다.

그 사람이 태어난 달에 따라 양자리, 황소자리, 물병자리, 전갈자리 등 12개의 별자리를 구분해 풀이의 근거로 삼는 '태양궁 점성술'도 마찬가지다. 점을 보고 싶어 하는 사람의 객관적인 특성인 탄생시점을 점 판단의 주요한 근거로 포함시키고 있기 때문이다.

편의상 첫 번째 카테고리의 신점류(類)를 제외하고 두 번째 카테고리의 주역과 세 번째 카테고리의 사주만 비교해보면, 현대에 들어 사주가 주역에 비해 많은 대중성을 확보하고 있는 게 사실이다. 그 이유는 아무래도 주역과 달리 사주가 태어난 날로 상징되는 개인의 특성을 예측 시스템 안으로 끌어들이고 있기 때문일 것이다.

사실 운명에 관해 묻고 답하는 것은 연인들끼리 주고받는 사랑의 밀어(蜜語)만큼이나 내밀한 커뮤니케이션에 속한다. 운명에 대해 그렇게 내밀한 얘기를 주고받을 때 "아, 저 사람이 정말 '나'의 운명에 관해 얘기하고 있구나!" 하는 느낌을 주는 것만큼 커뮤니케이션에 신뢰를 불어넣는 요소는 없을 것이다.

사주의 알파와 오메가 – 오행

사주가 개인적인 특성을 반영한다고 할 때, 그 개인의 특성은 그가 태어난 시간, 즉 생년·월·일·시다. 정확히 말하면 60갑자에서 뽑아낸 '팔자' 형식으로서의 생년·월·일·시다. 그러나 갑자, 을축 등의 기호로 나열한 여덟 개의 글자 역시 그 자체로는 의미를 갖지 못한다. 예컨대 '2013년 12월 25일 새벽 5시' 같은 숫자나 그 숫자를 60갑자로 환산한 '계사(년)|을축(월)|병신(일)|경인(시)'이나 무의미하기는 마찬가지란

얘기다. 이 무의미한 기호에 의미를 부여하고, 사주풀이를 가능하게 하는 것이 바로 '오행(五行)'이다.

이쯤 해서 난데없는 질문 하나를 던져볼까 한다.

이 세상은 무엇으로 이루어져 있을까? 고전적인 화학의 지식으로 이 세상은 100종 남짓한 원자로 이루어져 있다. 여기 어떤 사물 하나가 있다. 이걸 아주 잘게 쪼개어나가면 어느 순간 분자가 된다. 그 사물의 특성, 예컨대 물이면 물, 소금이면 소금의 특성을 유지하고 있는 최소 단위 입자가 분자다. 그러나 그게 끝이 아니다. 비록 그 사물의 성질을 잃긴 하지만 분자는 다시 원자로 쪼개진다. 탄소, 수소, 산소, 철, 마그네슘, 구리……. 이런 것들이 원자다. 물론 여기서 끝이 아니다. 원자를 더 쪼개면 전자와 양성자 그리고 중성자가 나온다. 현대 과학은 이걸 더 쪼갤 수도 있다.

그러나 고대 동양의 사유는 세상에 대해, 또 만물에 대해 완전히 다른 생각을 했다. 물과 불, 나무, 쇠 그리고 흙이면 이 세상을 해명할 수 있다고 생각한 것이다. 그게 바로 오행이다. 다소 무모해 보이지만 사람의 운명도 이 오행으로 설명할 수 있다고 생각했다.

이 다섯 가지 요소를 통상 목(木, 나무), 화(火, 불), 토(土, 흙), 금(金, 쇠), 수(水, 물)로 부른다. 굳이 나무·불·흙·쇠·물로 부르지 않는 데는 한자 선호 이상의 뜻이 담겨 있다. 오행이란 것이 그저 나무면 나무, 흙이면 흙 하는 식으로 눈에 확연히 들어오고 손에 잡히는 물질이 아니기 때문이다. 동양 철학에서 '기(氣)'에 관한 이야기가 곧잘 등장하는데, 말하자면 오행은 다섯 개의 물질이라기보다 다섯 종류의 기에 가깝다고 보면 된다.

木은 나무처럼 꾸준히 위로 밀고 올라가는 기운, 火는 불처럼 확 펼쳐지는 기운, 土는 흙처럼 많은 요소들을 감싸 안고 포용하는 기운, 金은 모든 것을 낙엽으로 만들어버리는 가을의 기운처럼 하강하는 기운이다. 마지막으로 水는 또 다른 상승을 꿈꾸며 은인자중(隱忍自重)하는 기운이다.

이렇게 에너지의 문제로 가야 오행의 흐름이 현실에 더 가까워진다. 세상 어떤 일이든 처음 태동해 욱일승천(旭日昇天)하는 기세(木)로 치고 올라가다가 정점에 달해 그 기운을 넓게 펼친다(火). 이제 하강해야 하는데 올라가기만 하던 기운이 내려가려면 조금 쉬면서 상승과 하강을 아우르고 포용하는 기운(土)이 필요하다. 이런 휴지기를 거치고 나야 세상의 기운은 하강한다(金). 그리고 죽은 듯 침묵하며 새로운 생명을 꿈꾼다(水).

오행의 제국주의

오행은 이렇게 끊임없이 순환하는 자연의 이치를 넘어 세상사를 관장하는 이치로 자신의 영역을 넓혀나간다. 단순히 물질을 이루는 요소에서 삶의 중요한 원리로 자신을 확장해나가는 것이다. 동양의 사상사적 전통에서 오행은 거의 현대 역사 속 제국주의에 맞먹는 위력으로 삶의 모든 영역을 잠식해 들어간다. 사실 삶의 거의 모든 국면으로 파고드는 오행의 이런 제국주의적 행태 자체가, 모든 세상살이에 깊숙이 그리고 광범하게 내재된 '순환의 원리'를 반영하는 것이기도 하다.

오행의 제국주의적 영향력에 대해 좀 더 알아보자.

혀로 느끼는 미각의 경우, 신맛·쓴맛·단맛·매운맛·짠맛이 각각 목·화·토·금·수에 대응된다. 또 사람 몸의 장기들도 간(목), 심장(화), 위장(토), 폐(금), 신장(수)의 순서로 오행에 대응한다. 동양의 전통윤리에 해당하는 인(仁)·의(義)·예(禮)·지(智)·신(信) 역시 오행의 기운과 연계시켜 설명 가능하다.

이렇게 인간의 말초적 감각에서부터 정신의 영역까지 오행은 삶의 거의 모든 영역을 섭렵해나간다. 그리고 마침내 오행은 자신의 세력권을 사람의 성격으로, 직업으로, 이어 운명으로 넓혀나가는 것이다. 말하자면 지극히 인간적이고 세속적인 고민조차 그 체계 안으로 끌어들이는 것이다.

성격에 대해 알아보자. 만약 어떤 이가 木의 스타일이라면 오행의 체계는 木이라는 에너지의 특성처럼 그가 진취적인 성격을 갖게 된다고 설명한다. 火 스타일이라면 다혈질의 성격, 土 스타일이라면 포용력 강한 성격이다. 金 스타일은 냉정하고, 水 스타일은 지혜롭다.

직업과 운명의 경우, 현실 세계에서도 성격과 대단히 긴밀한 연관관계를 가지고 전개되는 것을 볼 수 있다. 사주 체계에서도 마찬가지다. 예컨대 金의 기운을 타고나 냉정한 성격을 가진 사람이라면 직업적으로 승부사 기질을 필요로 하는 정치인 같은 직업을 갖기 쉽게 되는 식이다. 물론 한 사람의 운명이 그 사람의 성격과 직업의 논리적 귀결인 것은 두말할 나위 없다.

사주 체계는 여느 점의 체계보다 강력하게 성격으로부터 직업을 거쳐 운명에 이르는 일관된 체계를 만들어놓았다고 할 수 있다. 고대 그리스의 문명을 대표하는 역사가 헤로도토스(Herodotos)가 "인간의 운명은 그의 마음속에 있다"는 말을 한 적이 있는데, 지구 반대편 동양의 사주라는 점 체계도 마음에서 운명까지 하나의 흐름으로 잇는 분석체계를 갖추고 있다. 사주가 그렇게 일관된 체계를 통해 긴 시간을 견뎌낼 수 있었던 것도 당연히 '오행'이라는 만병통치약 덕분이다.

천간과 지지 – 오행과 60갑자의 연결

오행에 대한 설명이 길어졌다. 앞서 얘기한 대로 오행이 없을 경우 숫자 대신 연·월·일·시 네 개의 기둥을 표현한 60갑자는 무의미한 기호에 불과하다. 60갑자는 60개 기호 하나하나가 모두 오행으로 인수분해 될 수 있기 때문에 비로소 의미를 갖는 것이다. 그것도 그저 그런 정도가 아니라 사람들의 운명을 해석할 수 있는 실마리를 제공하는 고차원의 의미다.

60갑자와 오행의 관계를 알아보기 위해 먼저 60갑자를 한번 나열해보자.

甲子(갑자) 乙丑(을축) 丙寅(병인) 丁卯(정묘) 戊辰(무진)

己巳(기사) 庚午(경오) 辛未(신미) 壬申(임신) 癸酉(계유)

甲戌(갑술) 乙亥(을해) 丙子(병자) 丁丑(정축) 戊寅(무인)

己卯(기묘) 庚辰(경진) 辛巳(신사) 壬午(임오) 癸未(계미)

甲申(갑신) 乙酉(을유) 丙戌(병술) 丁亥(정해) 戊子(무자)

己丑(기축) 庚寅(경인) 辛卯(신묘) 壬辰(임진) 癸巳(계사)

甲午(갑오) 乙未(을미) 丙申(병신) 丁酉(정유) 戊戌(무술)

己亥(기해) 庚子(경자) 辛丑(신축) 壬寅(임인) 癸卯(계묘)

甲辰(갑진) 乙巳(을사) 丙午(병오) 丁未(정미) 戊申(무신)

己酉(기유) 庚戌(경술) 辛亥(신해) 壬子(임자) 癸丑(계축)

甲寅(갑인) 乙卯(을묘) 丙辰(병진) 丁巳(정사) 戊午(무오)

己未(기미) 庚申(경신) 辛酉(신유) 壬戌(임술) 癸亥(계해)

60갑자란 게 그리 복잡하지 않은 규칙에 따라 만들어지고 있음을 알 수 있다. 60개 각각의 기호는 '갑을병정무기경신임계'와 '자축인묘진사오미신유술해'의 조합으로 이뤄지고 있다. 학창 시절 배운 바로 그 천간(天干)과 지지(地支)의 결합이다.

이때 천간과 지지 각각에 목·화·토·금·수 오행이 배정되면서 60갑자에 생기가 돌기 시작한다. 오행을 배정받으면서 60갑자는 예상을 뛰어넘는 수준의 생명력을 갖게 되는 것이다. 무의미한 기호에서 사람의 운명을 해독하는 강력한 열쇠로 탈바꿈한다.

천간의 경우 오행 배정은 단순하다. 10개의 천간이 진행하는 순서에 따라 갑을이 木, 병정이 火, 무기가 土, 경신이 金, 임계는 水가 된다. 사주를 공부하는 사람들은 '갑을목, 병정화, 무기토, 경신금, 임계수'를 다들 외고 있다. 굳이 세분화하자면 갑은 양(陽)의 木, 을은 음(陰)의 木이다. 나머지도 그와 똑같이 양·음의 순서를 따른다.

지지의 경우, 약간의 조정이 필요하다. 사주 체계에서는

12개의 지지가 '자축인묘~' 순서로 진행하지 않는다. '인묘진 ~'에서 시작하게 된다. 인묘진|사오미|신유술|해자축 순으로 간다. 이때 인묘(진)이 木, 사오(미)가 火, 신유(술)이 金, 해자 (축)이 水에 해당한다. 괄호 친 네 글자, 진·미·술·축은 오행 중 土의 성격을 함께 갖는다.

네 개의 기둥(사주)에 담긴 여덟 개의 글자(팔자)는 이런 과 정을 거치면서 어떤 기호보다 풍성하고 심오한 의미를 갖춘 의미체계로 변신한다.

만세력

다시 한 번 정리하자. 사주를 푼다는 것은 단순한 기호 로서의 '팔자'를 통해 사람들을 울고 웃게 만드는, 그 오묘 한 '팔자'를 파악하는 일이다. 그러자면 현실적으로 60갑자 중에서 어떤 사람의 생년·월·일·시에 해당하는 팔자, 즉 네 개의 간지 조합을 뽑아내야 하는데 이게 그리 녹록지 않다. 2013년이 계사년이고, 2014년이 갑오년이란 식으로 연도에 해당하는 간지는 쉽게 알 수 있다. 달력에도 나오고 해가 바 뀔 때마다 언론에서도 항상 얘기를 해주니 연도에 해당하는 간지를 아는 것은 어렵지 않다. 하지만 나머지 월·일·시에 해당하는 간지는 어디서 어떻게 뽑아낼 것인가?

주변에 사주를 좀 아는 누군가가 그의 지인들에게 사주점을 봐줄 때 생기는 풍경을 잠시 스케치해보자. 요즘에는 조직의 규모가 어느 정도 수준에 달하면 사주를 취미로 배운이가 꼭 한둘 있기 마련이다. 그래서 신년이 되거나 특별한 계기가 있어 이 사람에게 사주를 봐달라고 하면 으레 두툼한 어떤 책이나 수첩을 꺼내든다. 그러면 사주를 의뢰한 사람은 대개 실망해서 말한다.

"에이, 책 보고 해주는 거야? 그거 누가 못 해?"

책 보고 해주는 게 아니다. 사주를 아는 그 친구는 사주에 따라 운명이 해설된 참고서를 커닝하는 게 아니다. 그가 참고하는 것은 '만세력(萬歲曆)'이라 불리는 달력이다. 숫자로 표시된 연·월·일·시를 대단히 기계적인 방식으로, 천간과 지지의 조합으로 변환시켜놓은 또 하나의 달력일 뿐이다. 최고의 명리연구가도 이 만세력 없이는 결코 사주를 봐줄 수 없다. 그러니 "책 보고 누구는 못 하냐?"고 끼어들면 안 된다.

당황한 사주의 고수

만세력과 관련해 유명한 에피소드가 하나 있다. 박정희 전 대통령이 시해된 1979년 12.12사태 직후, 권력의 공백을 접수한 신군부는 대전으로 군인 몇 명을 보내 서울 경복궁 근처의 안가로 당대 최고의 명리연구가로 꼽히던 도계 박재완(朴在玩, 1903~1992) 선생을 납치하듯 끌고 왔다.

'거사'의 행로, 그러니까 신군부 주체들의 운명을 사주로 풀어보고 싶었던 것이다. 그런데 경황 없이 끌려온 박재완은 그들의 요구를 들어줄 수가 없었다. 정치적으로 다른 견해가 있다거나 하는 그런 이유가 아니었다. 그냥 사주를 풀어낼 재간이 없었다. 갑자기 끌려오느라 만세력을 지참하지 못했고, 만세력이 없으니 죽었다 깨도 신군부 주체들의 생년·월·일을 간지의 조합으로 치환할 수 없었던 것이다. 박재완은 서울에서 역술원을 하던 제자에게 급히 연락해 만세력을 받은 후에야 군인들의 요구를 들어줄 수 있었다.

그런데 아무런 훈련을 받지 않은 사람이라면 만세력이 있어도 연·월·일·시 모두를 간지로 전환하기가 쉽지 않다. 사주를 못 뽑는다는 얘기다. 만세력이 수십 년에 걸친 달력의 날짜 하나하나에 간지를 대응시켜놓긴 했는데, 시(時)의 간지까지는 기록하지 않았다. 그래서 훈련받지 않은 사람은 만세력을 보아도 특정 연·월·일·시를 '팔자'로 치환해내는 일을 할 수 없는 것이다.

그러나 첨단 스마트폰의 시대에는 크게 걱정할 필요가 없다. 연·월·일·시만 입력하면 사주를 척척 뽑아주는, 그러니까 사주를 푸는 데 필요한 여덟 개의 글자인 '팔자'를 순식간에 뽑아주는 만세력 애플리케이션이 넘쳐나기 때문이다. 스마트폰 이용자라면 누구나 기호로서의 '팔자'를 뽑아내는 일까지 할 수 있게 된 것이다. 물론 운명으로서의 '팔자'까지 만세력이 알려줄 수는 없는 노릇이다.

이제 누구든 쉽게 운명의 기초자료로써 사주 또는 팔자를 뽑아낼 수 있게 됐다. 그럼 그렇게 얻어진 팔자를 어떻게 해석할 것인가? 즉 '사주를 어떻게 볼 것인가'를 알아볼 차례다.

사주 보는 법

　보통 점집에 찾아가 자신의 생년·월·일을 말해주면 역술인은 펜이나 작은 붓으로 종이에 무엇인가를 끄적거린다. 생소한 한자들이 나열되지만 그게 무엇을 뜻하는지는 도통 파악하기 어렵다. 종이에 적힌 기호들이 천간과 지지로 이뤄진 60갑자에서 추출된 한자어란 사실을 알고 있어도 난해하긴 마찬가지다. 그 추상적인 기호들로부터 도대체 어떻게 성격과 진로, 운명 그리고 과거사까지 실타래 풀리듯 풀려 나오는 것일까? 오행의 광범한 의미 확장에서 그 실마리를 얻을 수는 있지만, 실마리는 실마리일 뿐이다.

진입장벽

사주를 모르는 사람들에게 그 작업은 여전히 신기할 뿐이다. 그런데 이런 의문이 든다. 사주풀이는 그렇게 어려울 수밖에 없는가? 꼭 그렇게 어려워야만 하는가? 나아가 이런 질문을 던질 수도 있다. 혹시 사주풀이를 직업으로 삼는 역술인들이 오랜 세월에 걸쳐 일부러 진입장벽을 만들어온 것은 아닌가? 사실 그렇기도 하고 아니기도 하다.

사주 체계에는 사주, 팔자, 대운, 오행 등 한번 설명을 들으면 쉽게 알 수 있는 용어들도 있지만 비견(比肩), 겁재(劫財), 식신(食神), 상관(傷官) 등 몇 번을 보고 들어도 도무지 뜻을 파악하기 어려운 용어들도 수두룩하다. 이런 용어들을 현대식으로 쉽게 고쳐만 주어도 사주의 난해함은 절반 이상 덜어질 것이다. 한자 교육을 꽤 받은 사람도 해독하기 어려운 이런 용어들을 그대로 유지한다면 '진입장벽을 치기 위한 것'이란 혐의에서 자유로울 수 없다. 용어의 생소함만 한 꺼풀 벗겨내도 그 '영업비밀'의 난해함은 대단한 것이 아닐 수 있다는 얘기다.

그러나 실제 대단하지는 않을지 몰라도 사주풀이를 굳이 구분하자면 난해한 쪽에 속하는 게 사실이다. 역사적으로 볼 때 여덟 개의 글자로 이뤄진 사주를 해설하는 방식은 여덟 개의 글자 중 한두 개만 활용하는 간단한 방법에서부터 여덟 개 글자 각각에 나름의 가중치를 두면서 그들의 연관 관계를 복잡하게 해석하는 방법까지 여러 형식으로 발전해왔다. 이론이 정밀해지면서 불가피하게 발생한 복잡함이 확실히 존재하기 때문에 사주 특유의 난해함 전부를 일부러 쳐놓은 영업비밀로 간주하는 것은 부당하다는 얘기다.

쉽지는 않겠지만, 그래서 그 영업비밀을 서서히 파헤쳐볼 생각이다. 한 사람의 사주를 상정해놓고, 사주 푸는 방법을 최대한 간략히 설명해보겠다. 사주 푸는 방법이 어떤 과정을 거치면서 복잡해졌는지, 그 기법의 발달과정도 함께 파악할 수 있을 것이다.

하지만 정확히 역사적인 현실에 부합하는 사주의 발달과정이 제시되지는 않는다. 사주 기법의 발달을 개념사의 측면에서 살핀다고 보면 적당할 것 같다. 아울러 한자 사용까지 최대한 줄여 사주라는 점 체계를 안개처럼 둘러싼 난해함을 최대한 거둬내 볼 생각이다.

첫 번째 방법 – 태어난 해로 본다

자, 이제 실전에 들어간다. 앞서 얘기한대로 사주를 본다는 것은 60갑자로 치환한 생년·월·일·시, 그렇게 여덟 개의 글자에 의미를 부여하는 작업이다. 다시 얘기하지만, 그 여덟 개의 글자에 어떤 식으로든 의미를 부여하면 그것이 사주를 푸는 행위다.

'사주풀이'라는 용어로 이 세상에 유일무이한 어떤 특정한 기법을 지칭하려는 모든 시도는 특정 시대의 기법을 신격화하고, 사주에 진입장벽을 치려는 장삿속으로 봐야 지당하다. 그런 맥락을 놓치지 않고 있어야 역술인들이 교묘하게 쳐놓은 진입장벽을 넘을 수 있다.

여기 2014년 7월 2일 아침 7시에 태어난 아이 한 명이 있다고 하자. 가능한 방식을 총동원해 이 아이의 성격과 운명을 예측해보려고 한다. 먼저 인터넷이든 스마트폰의 애플리케이션이든 무료로 제공되는 만세력 하나를 찾아 이 아이의 생년·월·일·시를 입력한다. 다음과 같은 기호가 뜰 것이다.

丁 甲 庚 甲
卯 戌 午 午

오른쪽부터 연·월·일·시의 네 기둥, 즉 사주다. 각각의 한자, 즉 간지는 당연히 60갑자에서 추출된 것들이다. 2014년 7월 2일 아침 7시의 전(前)근대적 치환으로 보면 된다.

그런데 왜 연·월·일·시를 오른쪽부터 배열했을까? 철학적인 이유 같은 건 없다. 모든 책을 오른쪽에서 왼쪽으로 넘기게 만든 옛날 동아시아 문화권의 책 편집방식 때문이다. 세로로 쓰였던 한자에 맞춤한 표기방식일 뿐이다.

어쨌듯 이 아이는 조선 시대 식으로 말하자면 2014년 7월 2일 아침 7시가 아니라, 갑오년 경오월 갑술일 정묘시에 태어났다. 이 여덟 글자에서 어떻게 운명적 의미를 빼낼 수 있을까 싶지만 어려울 게 하나 없다. 편의상 태어난 연도에 해당하는 '甲午(갑오)'의 '午(오)'만 빼고 다 무시한다. 사주라 해서, 꼭 네 개의 기둥 모두를 풀어야 한다는 법은 없다.

○ ○ ○ ○

○ ○ ○ 午

午는 열두 개의 지지 중 한 글자다. 옛사람들은 열두 개의 지지를 각각 열두 종류의 동물에 대응시켰는데, 그중 午는 말에 해당한다. 이렇게 지울 것을 지워버린 사주가 들려주는 얘기는 간단하고 명료하다. 일곱 개의 글자를 지워버린 이 아이의 사주가 얘기하고 있는 것은 이 아이가 '말띠'라는 것이다.

말에 대해 사람들은 어떤 얘기들을 하는가? 쾌활하고 움츠리는 법이 없고, 목표 지점이 정해지면 한눈팔지 않고 달리는 동물이다. 1980년대를 풍미한 에로 영화 〈애마부인〉 속

부동의 출연진 중 하나인 데서 알 수 있듯 성적 매력을 상징하기도 한다. 말띠에 대한 해석도 마찬가지다. 말띠인 사람들은 낙천적이고, 목표 지향적이고, 이성에게 인기 있는 캐릭터로 분류된다.

午에 대해 진일보한 해석도 가능하다. 열 개의 천간, 열두 개 지지의 각 요소들은 모두 오행에 따라 분류할 수 있는데, 午는 오행으로 말하면 火에 해당한다. 따라서 이 아이는 사주상으로 적어도 불의 기운 하나를 타고난 것으로 풀이할 수 있다.

하지만 이 정도 해석에도 불구하고 이 같은 사주풀이는 너무 단순하다. 사주를 보는 역술인의 입장에서도 이런 방식을 고수하기는 힘들다. '진입장벽'이 없기 때문이다. 이 정도 사주풀이라면 누구나 할 수 있다. 누구나 동물로 표현된 자신의 띠를 알고 있고, 또 어린 시절 〈동물의 왕국〉 같은 TV 프로그램을 열심히 보지 않았더라도 열두 가지 동물의 캐릭터쯤은 쉽게 묘사할 수 있기 때문이다. 그래서 좀 더 '수준 높은' 사주풀이 방식이 도래한다.

두 번째 방법 – 오행의 구성을 살피다

따로 푸는 사주는 사실 '사주 보는 방식'으로 분류하기 애매한 측면이 있다. 현대 사주 체계의 핵심인 오행을 도입하기 이전, 원시적 단계의 사주풀이이기 때문이다. 역술인들은 이제 연·월·일·시의 여덟 글자를 모두 오행으로 치환한 후 운명 해석을 시도하게 된다. 이렇게 되면 여덟 개의 글자 중 일곱 개를 지워버리는 해석과는 격이 달라진다.

丁 甲 庚 甲 → 火 木 金 木
卯 戌 午 午　　 木 土 火 火

현역으로 활동하는 21세기 대한민국의 역술인들 가운데도 사주를 푸는 방식이 이 정도 단계에 머물러 있는 분들이 더러 있다. 그분들을 폄하하려는 건 아니다. 그분들은 대개 신 내림을 받고 신점으로 점치는 일을 시작한 분들인데, 장사를 위해 간판에 사주를 내걸지 않을 수 없다. 그러나 사주를 배우려면 일정 기간 고도의 집중과 암기를 해야 한다. 청소년기가 지난 사람들에게 그 작업은 그리 간단한 일이 아니다. 그러다보니 오행의 초보적 적용이라도 하게 된 경우다. 어차피 그들의 전공은 신점이니 사주는 보조적인 수단일 뿐이다. 구색만 갖추면 그만이다.

누군가의 사주를 이렇게 오행으로 치환해놓고 나면, 그중 눈에 띄는 오행의 요소가 있기 마련이다. 2014년 7월생, 아니 갑오년 경오월 생인 이 아이의 사주에서 눈에 띄는 것은 오래 들여다볼 것도 없이 木과 火다. 각각 세 개씩, 여섯 개가 木과 火라는 오행으로 이루어져 있기 때문이다.

사주를 푸는 이에 따라 다를 수 있지만, 이 사주 구성에서 결정적으로 중요한 것은 木보다는 火가 될 것이다. 오행의 순환에서 木은 火를 북돋워주니(목생화, 木生火), 결과적으로 火에 방점이 찍히는 것이다.

오행에서 火가 갖는 특성은 활활 타오르다가도 갑작스럽게 꺼진다는 것이다. 火를 가장 주요한 특성으로 갖는 사주의 주인공도 마찬가지다. 다혈질의 성격으로 어떤 일이 생기면 물불 안 가리고 나섰다가도 제 풀에 지쳐서는 언제 그랬냐는 듯 조용해지기도 한다. 그나마 이 사주는 불을 지펴주는 땔감(木)을 안정적으로 가지고 있으니 다른 火 스타일의 사람들과 달리 끈기와 집념이란 미덕도 갖고 있을 가능성이 크다. 또는 그럴 가능성이 크다고 역술인들이 해설할 것이다.

그런데 사주를 살펴보면 목·화·토·금·수 오행 중 水가 아예 빠져 있음을 알 수 있다. 水는 흐르는 물과 같은 특성으로 은근함과 지혜를 상징하는데, 그런 특성이 없다보니 이 사주의 주인공은 그런 종류의 신중함이나 침착함을 결여하고 있다. 또는 그런 특성을 결여하고 있다는 해설을 들을 가능성이 있다.

그런데 여기서 여덟 개의 글자 중 일곱 개의 요소를 무시하고 띠로만 해석한 사주 해설과 전체 사주의 오행 구성을 분석해 얻은 해설이 엇비슷하게 돌아가고 있다는 사실을 알 수 있다. 말의 낙천적이고 쾌활한 성격과 火의 다혈질 성격에는 피상적으로나마 유사한 무엇인가가 존재하기 때문이다.

물론 태어난 해의 간지 중 午가 말인 동시에 火이기 때문이기는 하다. 일단 火 하나가 확보된 셈이니 전체 구성에서도 말의 캐릭터와 일부 유사한 성격을 갖는 火의 비중이 높아질 가능성이 큰 것이다. 그러나 그렇다고 해도 그것은 추측이고 바람일 뿐이지, 생월·생일·생시에서 火가 자주 출현해야 할 이유는 전혀 없다.

첫 번째, 두 번째 사주풀이의 유사함은 우연이라는 얘기다. 그러나 현실에서 우연과 필연의 사이는 그리 멀지 않은 법이다. 두 가지 사주풀이의 유사성만으로도 사람들은 사주에 어떤 비의(秘意)가 담겨 있을 것이라 믿는 경향이 있다.

그건 그렇다 치고 이 해설도 그리 어렵지 않다는 사실을 알 수 있다. 천간과 지지를 오행으로 치환하고, 그중 비중이 큰 오행의 의미를 해설하는 정도는 비교적 간단한 일이라 '진입장벽'을 구축할 수 있을 정도는 아니다.

그래서 사주풀이는 한 단계 더 도약을 시도하는데, 이 도약은 한 천재가 '일간(日干)'이란 개념을 들고 나오면서부터 역사적으로 가능해진다.

태어난 날에 주목하다

태어난 날의 천간이 일간(日干)이다. 팔자를 이루는 60갑자는 천간과 지지의 결합, 즉 간지로 이루어진다고 했다. 2014년 7월 2일생 아이의 태어난 날에 해당하는 간지는 갑술(甲戌)인데, 그중 천간은 앞의 甲이다.

○ 甲 ○ ○

○ ○ ○ ○

일간은 사실 여덟 개의 글자 중 크게 주목받지 못하던 자리였다. 상식적으로 자연스럽게 주목을 받을 수 있는 것은 일간보다 연지(年支)나 월지(月支)가 되기 마련이다.

그중 연지, 즉 태어난 해의 지지는 전통적으로 열두 동물의 띠로 손쉽게 치환 가능하기 때문에 주목을 받을 수 있다. 또 월지의 월(月)은 계절과 쉽게 연동될 수 있고, 그래서 기후를 반영할 수 있다는 이점이 있다. 혹독한 겨울에 태어난 아이와 생활하기 좋을 정도로 알맞게 따뜻한 여름에 태어난 아이가 세상을 헤쳐 나가는 방식에 차이를 가질 것이란 생각은 개연성에 그치지 않는다.

그에 반해 일간은 평범하기 그지없다. 그냥 매일 흘러가는 하루하루일 뿐이다. 오늘과 내일 또는 일 년 전 어느 날과 오늘 사이에 어떤 차별점이 존재할까? 하루하루는 그냥 언제나 똑같은 하루하루다.

그런데 수백 년 전 한 천재가 "사주에서 가장 중요한 것은 일간!"이라고 선언하면서 모든 게 달라졌다. 연지는 동물 특성에 대한 지식으로 연결되고, 월지는 춥고 따뜻하다는 식으로 기후와 연결된다.

하지만 구체적인 인지적·감각적 특성을 보여주지 않는 일간을 사주의 주인공으로 삼게 되면서 사주 체계는 갑자기 추상화됐다. 그리고 이 같은 추상화는 사주 체계를 든든하게 지켜주는 진입장벽의 역할을 하게 된다. 사주가 전문가의 영역으로 확 끌어올려진 것이다.

일간은 감각적이고 인식적인 구체성을 결여하고 있을 뿐 아니라 만세력이라는 '전문적 도구'를 통해서만 파악할 수 있다는 측면에서도 진입장벽이다. 태어난 날의 간지는 당연히 매일매일 변하기 때문에 그 간지를 기록해놓은 달력, 즉 만세력을 찾아봐야 한다. 사람 머리로 일일이 기억하고 다닐 순 없는 것이다.

마지막 도약

어쨌든 사주풀이의 측면에서 일간 역시 그 자체만으로는 의미를 지니지 못한다. 다시 오행이 필요하다. 2014년 7월생 주인공의 일간인 甲은 오행의 木으로 치환돼야 비로소 의미를 얻을 수 있는 것이다. 그러니까 이 사주의 주인공을 일간 기준으로 판단하면, 묵직하면서도 동시에 끊임없이 성장하는 나무와 같은 사람이 될 것이다. 같은 방식으로 또 다른 사람은 태어난 날의 오행에 따라 화형·토형·금형·수형 등으로 분류될 수 있다.

그러나 사주의 새로운 영업비밀이 '일간'이라는 스타의 탄생에 의존할 뿐이라면, 그 비밀 또한 오래 지속되기 어려운 측면이 있다. 방금 얘기한 대로 만세력을 입수해 일간의 오행을 찾아내기만 하면, 그 오행에 따른 풀이는 또 그런대로 시도해볼 만한 수준이기 때문이다. 이 정도로 진정한 진입장벽을 이야기하기는 어려울 것이다.

그래서 사주 체계는 또 한 번의 도약을 감행하면서 복잡과 난해의 '명성'을 얻고, 동시에 강력한 진입장벽을 치게 된다. 그것은 이제 막 새롭게 등장한 일간을 중심으로 사주의 다른 오행들을 새롭게 배치하고, 각각의 오행에 완전히 새로운 의미를 부여하는 방법이다. 자연친화적인 오행을 훨씬 더 인간적인 방법으로 재해석함으로써 성격·운명의 해설 체계를 고도화한 것으로 보면 된다. 이것이 다름 아닌 현대 사주의 시작이다.

세 번째 방법 – 현대의 사주풀이

일간의 오행과 사주 전체의 오행을 연관시키고, 그 상관관계를 다섯 가지 또는 열 가지로 유형화해 살피는 게 현대 사주의 핵심이다.

그런데 이때 사주 전체의 오행은 태어난 달의 오행에 의해 좌지우지된다고 보면 된다. 월지의 오행은 일간을 제외한 일곱 개의 간지 기호 중 개수로는 7분의 1이지만, 비중으로는 절반 이상의 영향력을 가진 것으로 해석되기 때문이다.

태어난 달은 봄·여름·가을·겨울의 사계절과 연관되는데, 사계절만큼 오행의 성격을 강력하게 표출하는 건 없다. 봄·여름·가을·겨울은 비유적인 측면에서가 아니라 본질의 측면에서 각각 木·火·金·水에 연결된다(土는 계절 사이사이 환절기에 해당한다고 보면 된다). 그래서 태어난 달의 오행이 사주에서 차지하는 비중은 강력하다. 그런 맥락에서 사주 전체의 오행을 태어난 달의 오행으로 대체해 논의를 단순화하는 것이다.

그런 사정을 염두에 두고 2014년 7월 2일생 아이의 사주를 요즘 실제 통용되는 기법으로 풀어보자. 오행으로 치환된 사주에서 일간과 태어난 달의 지지만 빼고, 다른 간지를 모두 삭제하면 이런 모양이 된다.

○ 木 ○ ○

○ ○ 火 ○

생각보다 단순해 보일지 모르지만, 이 단순화된 도식에서 다층적인 의미를 추출해내는 게 현대 사주의 전부라고 봐도 무방하다. 앞서 얘기한 대로 태어난 달의 지지, 즉 월지에 해당하는 오행 火만 남기고 나머지를 삭제하는 방법으로 무시한 것은, 특별한 경우가 아니면 대부분의 사주에서 월지의 비중이 압도적인 것으로 나타나기 때문이다.

이제 문제는 단순하다. 태어난 날의 천간 木과 태어난 달의 지지 火의 관계에서 그 사람의 성격과 운명을 추출해내기만 하면 된다. 사주를 보러 가면 두 기호의 조합을 통해 가족 관계까지 뽑아내곤 하지만, 여기서는 성격과 직업 정도를 파악하는 선에서 논의를 그칠 생각이다.

이 사주 주인공의 기본 스타일을 뜻하는 일간, 즉 태어난 날의 오행은 木이다. 木 스타일의 성격은 앞서 얘기한 것처럼 묵직하고 끈기가 있다. 이제 문제는 태어난 날의 오행 木이 더 이상 독립적으로 존재하지 않는다는 데 있다. 木의 스타일은 이제 火라는 환경과 연관을 맺기 시작하면서 새로운 의미를 획득한다.

木의 오행 스타일을 가진 사람에게 火라는 환경은 어떤 의미일까? 앞서 '木生火'라는 말을 한 바 있다. 木은 火에게 기운을 퍼준다. 북돋워주고 살려준다는 것이다. 木에게 火의 존재는 자신을 발산하고 표현할 공간이 있다는 의미를 갖는다. 일간이 木인 사람이 사주 구성에 있어 火로 상징되는 환경을 갖게 되면 그 사람은 자기표현에 능하고 외향적인 캐릭터를 갖게 된다는 것이 사주의 판단이다.

이런 사람이라면 직업적으로 자기표현을 무기로 삼는 연예인이 될 수도 있고, 말을 잘해야 살아남을 수 있는 강사도 될 수 있을 것이다. 직업과 관계없이 그는 활달한 성격으로 회사나 지역 사회에서 쾌활하고 원만한 사람으로 평가받을 것이다.

그런데 만약 일간의 영향으로 木 스타일을 타고난 사람이 사주 구성 상 金의 환경을 가졌다면, 그러니까 태어난 달의 오행이 金이라면 어떤 성격과 직업을 갖게 될까? 오행의 상생

(相生)·상극(相剋)에 따르면 '金剋木'으로 金은 木을 친다. 통제하고 제어하는 것이다. 사주의 주인공은 사주 환경상 자기 통제에 능하고, 직업적으로는 신중함을 필요로 하는 참모나 공무원에 어울리는 사람이 되는 것이다.

이런 식으로 태어난 날의 오행이 木인 사람의 운명적 특성을, 사주 전체의 환경을 고려하면서 일반화하는 게 현대 사주의 기법이다. 일간이 木인 사람의 사주를 유형화해 그의 특성을 뽑아내면 다음과 같은 표가 된다.

태어난 날의 오행	태어난 달의 오행	사주 주인공의 특성
木	木	독립심(Independence)
	火	표현력(Expression)
	土	돈(Money)
	金	통제(Control)
	水	지식(Knowledge)

독립심, 표현력, 돈, 통제, 지식 등 대단히 간략한 키워드로 표현한 개인 특성이긴 하지만, 성격적 특성을 한 사람의 직업과 운명까지 일관되게 끌고 가는 것이 사주 체계의 본질적 특성이다. 표현력이 연예인이나 강사 등의 직업으로 연결되는 것과 마찬가지로 독립심은 정치인이나 개인사업 등으로, 돈은 장사로, 통제는 관료나 공무원으로, 지식은 교수 등의 직업 영역으로 확장된다.

태어난 날의 오행이 木이 아닌, 火·土·金·水가 되더라도 원리는 같다. 같은 형식의 표를 네 개 더 만들면 사주의 가능성이 모두 망라된다. 무료 만세력 애플리케이션을 찾아 사주 기호를 뽑고, 그 기호에서 일간과 월지를 비교하기만 하면 누구든 자신의 대체적인 성격과 직업을 알 수 있는 것이다.

태어난 날이 오행	태어난 달의 오행	사주 주인공의 특성
火	火	독립심(Independence)
	土	표현력(Expression)
	金	돈(Money)
	水	통제(Control)
	木	지식(Knowledge)

태어난 날의 오행	태어난 달의 오행	사주 주인공의 특성
土	土	독립심(Independence)
	金	표현력(Expression)
	水	돈(Money)
	木	통제(Control)
	火	지식(Knowledge)

태어난 날의 오행	태어난 달의 오행	사주 주인공의 특성
金	金	독립심(Independence)
	水	표현력(Expression)
	木	돈(Money)
	火	통제(Control)
	土	지식(Knowledge)

태어난 날의 오행	태어난 달의 오행	사주 주인공의 특성
水	水	독립심(Independence)
	木	표현력(Expression)
	火	돈(Money)
	土	통제(Control)
	金	지식(Knowledge)

이처럼 타고난 오행(일간)과 환경(월지)의 관계를 오행의 상생·상극의 원리에 맞추는 방식으로 사주 주인공의 성격과 직업, 운명적 특성을 파악하는 게 현대 사주의 전부다. 사주의 운명 해설은 그것이 아무리 복잡하고 비밀스러워 보여도 이 같은 원리에서 한 발자국도 벗어나지 못한다.

사주의 다른 한 축, 대운

그런데 사주를 푸는 방식이 이 지점에서 그칠 경우 문제가 하나 생긴다. 한 사람이 70년을 산다고 가정할 때, 70년 내내 고정되어 변하지 않는 운명을 견뎌야 한다고 상상해보자. 이만저만 갑갑한 일이 아니다. 그리고 운명의 그런 불변(不變)은 현실적이지도 않다.

사주 체계는 그래서 여덟 개의 기호 중 일간이 처한 환경으로 풀이되는 월지, 즉 태어난 달의 오행이 끊임없이 변해가는 과정을 설정했다(또는 포착했다). 사례로 든 2014년생의 경우 태어난 달의 오행이 당초엔 火이지만, 나이가 들어감에 따라 金으로, 또 水로 변해가도록 설계한 것(또는 변해간다는 사실을 밝혀낸 것)이다.

사주 체계의 가장 중요한 변수인 일간과 월지 중 월지, 즉 태어난 달의 오행이 나이에 따라 바뀌니, 각 시기의 운명도 바뀔 수밖에 없게 된 것이다. 물론 태어날 때 갖고 태어난 사주 구성, 즉 사주 원국(原局)이 아예 사라지는 것은 아니다. 사주 원국에 나타난 성격적 특성이 살아가는 내내 큰 영향력을 행사할 수밖에 없지만, 월지의 변화에 따른 성격적 특성의 변화 역시 무시할 수 없는 수준이다.

사주 구성의 이런 변화에 사주 체계가 선사한 이름이 바로 '대운(大運)'이다. 점집을 갔다 온 사람들이 "나, 대운이 곧 풀린대~" "2년만 있으면 대운이 들어온다는데?"라고 얘기할 때의 그 대운이다.

인생 사계절

사주와 관련해 '인생 사계절'을 얘기하는 사람들이 있는데, 이런 이야기 역시 대운의 존재에서 비롯한다. 앞서 태어난 달의 오행은 '木=봄' '火=여름' '金=가을' '水=겨울' 식으로 계절과 본질적인 관련을 맺는다는 얘기를 한 적이 있다. 대운이란 게 태어난 달의 오행 변화에 직접적으로 의존하는 것이니, 대운의 존재는 비유적으로 또 실질적으로 인생 사계절의 존재를 말하는 것이다.

그런데 사주에 대해 조금이라도 공부한 분들은 대운에 대한 이런 설명에 의문을 가질지도 모른다. 대운에 대한 일반적 설명과 다를 수 있기 때문이다. 시중의 사주 교과서들 역시 대운의 변화 양상을 태어난 달의 지지에서 역추적해 찾기는 한다. 하지만 대운과 월지의 관계는 그 정도가 아니다. 대운이 존재한다는 것은 사주가 한시도 고정되어 있지 않다는 것, 사주가 끊임없이 변한다는 것과 똑같은 얘기다. 대운을 사주 원국과 떼어놓고 생각하는 것은 대운을 기법화하는 과정에서 대운이 사주와 다른 어떤 실체인 양 오해했기 때문이다.

각설하고, 사주의 구성요소 중 태어난 달의 오행을 끊임없이 변화시키는 대운의 존재가 없었다면 사주는 아마 지금과 같은 생명력을 갖지 못했을 것이다. 시간에 따른 인간 삶의 변화를 반영하지 못하는 사주 체계는 도리 없이 도식화와 정체의 늪에 빠질 수밖에 없기 때문이다. 사주가 그 정도 체계밖에 갖지 못했다면 그 체계는 이미 오래전에 사멸했을 것이다.

그런 의미에서 '삶의 변화'라는 요소를 체계 안으로 끌어들인 대운이야말로 현대 사주의 핵심기제라 할 것이다.

진화 또는 유행

　사주를 잘 모르는 분이라도 '백호대살(白虎大煞)'이란 용어는 들어본 적이 있을 것이다. 조선 시대에만 해도 이 백호대살은 사주의 단골 메뉴였다. 말 그대로 '호랑이한테 물려 죽는다'는 뜻이다. 얼마나 흉악한 일인가? 어렵게 이 세상에 태어났는데 호랑이한테 물려 죽는다……. 백호대살 판정을 받은 당사자와 가족들은 죽을 맛이었을 것이다.

사주도 유행을 탄다

　그러나 현대에 들면서 이 백호대살은 거의 종적을 감췄다.

호랑이가 사라졌으니 백호대살도 설 자리를 잃어버리는 것은 어쩌면 당연한 일이다. 역술인들은 그 의미를 '백주 대낮의 교통사고' 등으로 바꿔가며 백호대살의 복권(復權)을 시도하지만, 그게 잘 먹힐 리 없다.

물론 백호대살만 그런 게 아니다. 사주 체계 안에서 확고한 논리를 가지고 있는 관운(官運)이나 재운(財運) 등도 시대에 따라 비중이 변하는 것을 볼 수 있다. 거창하게 말하면 사주도 생물인 셈이다. 본질적인 요소는 쉽게 변하지 않지만, 요소들 간의 상대적인 중요성은 사회 환경의 변화에 따라 수시로 변한다. 다시 말해, 사주도 유행을 타고 시대를 탄다.

살(煞) 이야기를 조금만 더 이어가 보자.

백호대살 외에도 점 보러 갔다가 '살' 이야기를 듣는 경우가 더러 있다. '원진살(元嗔煞)'이라고 해서 별 이유 없이 누군가와 원수가 된다는 살도 있고, '귀문관살(鬼門關煞)'이라고 해서 과대망상을 불러일으킨다는 기묘한 살도 있다. 그러나 다시 말하지만, 이런 '살'들에 귀 기울일 필요는 없다. 재난과 불행을 과도하게 강조하는 이유야 자명하지 않은가? 부적을 팔아먹으려는 수작이기 쉽다.

'煞'이란 한자는 '죽일 살(殺)'과 모양만 다르지, 사실 같은 뜻의 한자다. 사주적으로 독특하게 해설하면 '사람을 해치는 독한 기운'쯤 된다. 예전 사주에서는 이런 살이 중요한 위치를 차지했지만, 백호대살의 신세처럼 이제는 거의 설 자리를 잃었다고 보면 된다. '백호대살'이니 '원진살'이니 하는 것들이 어떤 원리에 의해 나오는지 사주 체계 안에서도 논리적으로 증명할 길이 없기 때문이다.

그래서 요즘 명리연구가들은 '살'의 경우, 특별한 상황이 아니면 처음부터 버리고 간다. 이런 흉악한 '살'들은 현대 사주에서는 폐기처분 됐다고 봐도 무방하다.

역마살

그런데 그런 와중에도 굳건히 살아남은, 아니 현대에 접어들수록 자신의 입지를 더욱 확고히 하는 '살'이 두 개 있으니, 그게 바로 역마살(驛馬煞)과 도화살(桃花煞)이다. 특히 '역마'는 거의 일상용어로 쓰일 만큼 자신의 세(勢)를 넓히고 있는 느낌이다.

한곳에 정착하지 못하고 늘 이리저리 떠도는 기운을 '역마살'이라 한다. 사주에 역마가 있나 없나 판단하는 것은 지지(地支)의 구성에 기반을 둔다. 사주 체계에서는 십이지지를 '자축인묘진사오미신유술해' 차례로 읽지 않고, '인묘진l사오미신유술l해자축' 순으로 읽는다는 얘기를 한 적이 있다. 십이지지를 이렇게 네 개의 구간으로 나눴을 때 앞에 등장하는 '인·신·사·해'가 어떤 사람의 사주에서 특정 규칙에 따라 배열될 때 '역마살이 있다'고 판단한다.

그런데 현대 사회는 정착보다는 변화와 이동을 중시한다. 이런 사회 분위기 탓인지 요즘 역술인들은 역마를 판정하는 데 있어 대단히 관대하다. 사주상 역마의 조건을 그리 엄격하게 적용하지 않는 경향이 있다는 것이다.

예컨대 요즘에는 인·신·사·해 중 하나만 사주에 보여도 역마살이 끼었다고 판정하는 경우가 많다. 또 돈 버는 것과 관계된 운인 재운 중에 일거에 큰돈을 버는 '편재(遍財)운'이란 게 있는데, 역술인 중에는 이 편재운도 역마와 연결시키는 사람들이 있다. 큰돈을 벌기 위해서는 부지런히 옮겨 다니며 기회를 찾아야 하기 때문이다.

도화살

도화살도 마찬가지다. '도화(桃花)'는 복숭아꽃이다. 복숭아도 탐스럽지만, 붉은 복숭아꽃은 그 색상과 함초롬한 모양으로 사람을 유혹한다. 그러니까 도화살을 가진 사람은 요즘 말로 하면 '섹시한 매력'을 지닌 그런 사람이다. 중국의 한시(漢詩)를 한번 읽어보라. 복숭아꽃의 매력에 대한 칭송이 사뭇 여럿이다.

그런데 도화살이란 게 예전엔 그리 좋은 사주 요소가 아니었다. 미모로 남자들의 인생을 망칠 것 같은 여자들에게 '도화살'이란 수식어를 부여한 것이다.

그러나 도화살 역시 시대의 영향을 받기 마련이다. 연예인이 각광받는 요즘 같은 시절에는 도화살이 기피 대상이 아니라 매력의 대상이다. 도화살에 내재한 '끼'가 연예인이 될 수 있는 중요한 요소로 평가받기 때문이다.

역마살과 도화살에 대한 이런 관대한 태도는 격세지감을 불러일으킨다. 예컨대 역마와 도화를 함께 가진 여성의 사주가 있다 치자. 이 여성이 조선 시대에 살았다면 음란한 성격을 가지고 이곳저곳 떠돌면서 여러 남자 만나 살 팔자라는 얘기를 들었을 것이다. 도화는 '음란'을 뜻하고, 역마는 '떠도는 팔자'를 뜻하니 말이다.

그 많은 살 중에 성공적으로 살아남은 역마와 도화는 변화(역마)와 매력(도화)을 중시하는 현대 사회의 반영일 것이다. 그러다보니 역술인들도 역마살과 도화살을 남발하는 경향이 있다. 사주에 그런 기미만 보여도 여지없이 역마·도화를 언급하는 것이다. 상황이 이러하니 점 보러 갔다가 역마나 도화 얘기를 들었다고, 그 얘기에 너무 몰입할 필요는 없어 보인다.

관운의 전성시대

역마와 도화의 선전에도 불구하고, 전체적으로 볼 때 전통 사주의 강자이던 '살'의 위세는 급속하게 약화됐다. 그러나 웬만해선 시대를 잘 타지 않는 사주풀이의 요소가 있으니, 그게 바로 '관운'이다.

머릿속에 잠깐 조선 시대를 그려보자. 많은 사람들이 출세 하기를 원하는데, 그 시대에는 출세하는 방법이 간단했다. 출세하기 쉬웠다는 얘기가 아니라 출세를 위한 통로가 단순했다는 말이다. 출세하기 위한 거의 유일한 방법이 벼슬길에 오르는 것 아니었던가! 양반이 되어 벼슬할 것인지, 촌에서 농사를 지을 것인지 정도가 관건인 사회였다. 사주를 보러 갔다가 "당신, 머지않아 높은 관직에 오를 것 같아!"라는 말을 듣는 것만큼 좋은 일이 없었는데, 이런 사주를 두고 관운이 있다고 했다.

그렇다면 어떤 사주를 두고 관운을 얘기하는가?

예컨대 내가 태어난 날의 오행이 火일 경우, 사주에 '물 수' 가 충분하면 관운이 있다고 얘기한다. 물이 불을 끄듯 水는 화를 제어하기 때문이다. 火에게 水는 '통제의 능력'을 뜻한다. 대개 관료들은 신중한 일처리를 중요한 미덕으로 삼는데, 이런 사주 구성을 가진 사람은 자기통제에 능하기 마련이다.

기업가처럼 혁신으로 정신을 무장한 채 블루오션을 향해 과감하게 내지르는 스타일과는 다른 특성이다.

재운의 대두

그러나 시대가 변하면서 관운 일변도의 사주풀이는 힘을 잃을 수밖에 없게 된다. 벼슬을 못 해도 장사를 잘해 큰돈을 벌면 출세를 할 수 있으니 말이다. 장사로 돈을 버는 사람들이 생겨난 조선 중기 이후부터 관운과 함께 '재운'이 뜨기 시작했다.

그럼 어떤 사주를 두고 돈 벌 운명, 즉 재운을 얘기할까?

사주에서 벼슬할 팔자가 '관(官)'의 요소에 달려 있다면, 부자가 될 팔자는 '재(財)'라는 요소에 달려 있다. 사주에서 '재'는 일간, 즉 태어난 날의 오행에게 극(剋)을 당하는 오행을 말한다. 상생·상극을 얘기할 때 바로 그 상극의 '극'이다.

관운을 살필 때와 마찬가지로 이번에도 역시 태어난 날의 오행을 火라고 상정하고 분석해보자. 일간이 火라면 火에게 극을 당하는 金의 오행이 사주에서 어느 정도 세력을 형성해야 돈 벌 가능성이 있는 것이다.

그런데 사주 구성상 태어난 날의 오행에 치이는 오행이 존재한다고 해도 무조건 돈을 잘 버는 것은 아니다. 태어난 날의 오행은 '본인이나 주체'를 뜻하는데, 돈을 벌어다 주는 '재'의 성질만 강하고 일간, 즉 돈 버는 주체의 힘이 약해서는 안 된다. 흔히 '재다신약(財多身弱)'이란 말을 하는데, 재의 성질만 왕성하고 정작 본인의 오행은 세력이 허약한 경우다. 이런 사주를 가진 사람은 돈을 버는 게 아니라 돈에 치이기 쉽다. 돈을 벌기 위해 이리저리 뛰어다니지만, 스트레스만 받다가 몸과 마음이 피폐해진다.

그러나 사주에 일간과 재성(財性)이 균형 있게 발달해 돈을 버는 경우 또한 분명히 있다. 우리 주변에서 부자 대열에 합류하는 사람들 대부분이 그런 사주 구성을 갖고 있다고 보면 된다.

파격과 혁신

요즘의 사회 변화는 속도의 측면에서 과거와는 사뭇 다르다. 따라서 과거와는 다른 차원의 급격한 사회 변화가 생길 수 있는데, 이럴 때 사주풀이의 본질적인 측면에 지각 변동이 생기기도 한다. 그중 가장 인상적인 변화가 사주 담론(談論)의 전통적 강자인 '관운'에 대한 평가다.

부침은 있었지만, 전통적 사주풀이의 맥락에서 관은 절대 선(善)이었다. 따라서 관을 해치는 오행 요소는 절대 악(惡)이었다. 이런 선악의 구도는 대단히 공고해서 웬만해선 흔들리지 않는 법인데, 최근 들어 그런 일이 발생하고 있다.

사주 구성에 관이 있는데, 그 관을 해치는 요소 역시 강하게 자리 잡고 있을 때가 있다. 관에 해당하는 오행을 극하는 오행이 사주에 나타나는 그런 경우다. 예컨대 관에 해당하는 오행이 木인데 이 木을 치는 金이 있고, 관에 해당하는 오행이 火인데 火를 치는 水가 있는 경우다. 쇠도끼가 나무를 잘라내고, 차가운 물이 활활 타오르는 불을 끄는 모습을 연상하면 알 수 있는 이치다.

사주 구성에서 이런 오행이 존재할 때, 그 오행을 가리켜 '관을 해친다(傷)'고 하여 '상관(傷官)'이라 부른다. 과거에 상관이 발달한 사주는 애물단지 취급을 받았다. 관이 자기통제와 신중을 뜻하니, 관을 해치는 '상관'은 신중하지 못한 거의 모든 요소를 아우르는 팔자의 주범으로 취급한 것이다. 불안정, 불성실, 불신, 통제불능……. 이런 모든 인간적 오명(汚名)이 '상관'이라는 하나의 요소에 씌워졌다. 자기 인생 피곤한 걸 넘어서 다른 사람들에게도 피해를 줄 수 있다고 비난받던 그런 사주 요소가 바로 상관이었다.

그런데 현대에 들어오면서 상황이 달라진다. 관(官)의 핵심 특성인 '원칙과 통제'가 고리타분함으로 조롱을 당하고, 이 원칙을 해치는 '파격과 혁신'의 특성이 각광을 받기 시작했기 때문이다. 파격과 혁신이 바로, 겉으로 드러나는 상관의 주요 특징 중 하나다.

예전 같으면 사주에 상관이 강할 때, 사주 봐주는 사람이나 사주 보러 간 사람이나 쉬쉬했다. 좋을 일이 없으니까 말이다. 그러나 현대 사회에서 파격과 혁신은 거의 모든 분야에서 탁월한 경쟁력의 요소로 평가받는다. 기업은 기업대로 혁신적인 인재를 필요로 한다. 기업이 아니더라도 '파격'이란 요소는 현대 사회에서 가장 인기 있는 분야인 대중문화의 현실적인 동력이기도 하다.

옛날 같으면 잘해봐야 중간 가기 어려운 것으로 평가받던 사주가 새로운 것 좋아하는 현대에는 사회의 견인차로 재평가받게 된 것이다. 사주 체계 안에서 일어난 이른바 '파워 쉬프트(권력 이동)'라 할 만하다.

관운의 역습?

가급적 어려운 사주 용어는 쓰지 않는 선에서 논의를 전개하고 있지만, 상관 이야기가 나온 김에 '식신(食神)' 정도는 함께 언급해도 좋을 것 같다. 옛날에는 천덕꾸러기 대접을 받던 상관의 주가가 올라감에 따라 상관과 비슷한 성질인 식신의 경우도 뭉뚱그려 조명을 받게 됐기 때문이다. 식신이나 상관에 관한 이야기는 요즘 선망 직업 중 최상위권에 랭크된다는 연예인과 관련되어 있기도 해서 그냥 지나치기 아깝기도 하다.

식신은 상관과 마찬가지로 '관'을 치는 오행이다. 그러나 상관의 오행과 음양(陰陽)이 반대인 경우를 '식신'이라 한다. 예컨대 십이지지 중 해(亥)와 자(子)는 모두 '물 수'의 기운을 갖지만 하나는 음이고, 하나는 양이다. 같은 사주 안에서 '해'가 상관의 역할을 한다면 '자'는 식신이 되고, 그 반대가 될 수도 있다. 복잡하면 그저 상관과 비슷한 성질의 사주 구성 요소가 있다는 정도로 이해해도 무방하다.

그런데 사주에서 이런 식신이나 상관의 기운이 많을 경우 외향적이고 말 잘하고 표현력이 풍부하다는 판정을 내린다. 한번 찬찬히 생각해보라. 외향적이고 말 잘하고, 표현력이 풍부한 것은 영락없이 연예인의 기질이다. 실제로 연예인들의 사주를 보면, 상당수의 사주에서 강한 식신·상관의 특성이 발견된다.

그런데 아무리 연예인이라고 해도, 특히 여성 연예인의 경우 식신·상관을 반가워만 할 일도 아니다. 식신 역시 상관처럼 관을 치는데, 이 관이란 것이 관리로 출세하는 운만 뜻하는 게 아니라 남편 운을 뜻하기도 하기 때문이다.

몇 년 전 여성 연예인들의 때 이른 이혼이나 별거, 사별,

남편으로부터의 폭행 등이 한꺼번에 발생하면서 사회적 이슈가 된 적이 있다. 당시 상당수 역술인들이 일제히 내놓은 분석이 이 식신·상관에 관한 것들이다. 식신·상관이라는 요소가 사주에서 볼 때 연예계 진출을 원활하게 하는 역할도 하지만 동시에 배우자 운(官運)을 나쁘게도 만들기 때문에 가능한 분석이었다.

어찌 보면 현대에 들어오면서 식신이나 상관에 치인 사주의 전통적 강자 관운이 식신·상관에 저항하고 반발하는 모습으로 읽히는 대목이기도 하다.

궁합의 몰락

시대와 유행을 타는 사주에 대해 언급하면서 궁합을 빼놓을 수 없다. 전근대 시대 궁합의 영향력은 막강했다. 남녀 두 사람 각각의 사주가 아무리 좋아도 두 사주의 상관관계를 뜻하는 궁합이 맞지 않으면 결혼까지 성사되기는 어려웠다. 두 사람이 서로 아무리 좋아해도 궁합이 좋지 않으면 결혼을 하지 못했다.

문제는 남녀 두 사람 사주의 상관관계를 파악하는 일이 너무나 자의적일 수밖에 없다는 것이다. 전통적인 사주에서 궁합을 판단하는 방식은 그야말로 역술인에 따라 천차만별이다. 두 사주의 구성요소들을 하나하나 뜯어보면서 합(合)과 충(沖)이란 것을 따지기도 하고, 전체적인 오행 구성을 서로 비교해 생(生)하거나 극(剋)하는 방식을 분석하기도 한다.

그래도 궁합을 볼 때 비교적 자주 그리고 일반적으로 쓰이는 방식이 하나 있는데, 바로 태어난 달의 지지를 비교하는 방법이다. 그런데 이 방법에는 큰 하자가 있다. 어울리는 지지의 조합보다 서로 충돌하는 지지의 조합이 훨씬 많이 나오도록 궁합의 체계가 짜여 있는 것이다. 궁합을 보러 가면 좋은 소리보다 나쁜 소리를 듣기 좋게 설계되어 있다는 얘기다.

어울리지 않는 조합 중에 흔히 쓰이는 것만 해도 형(刑)·충(沖)·파(破)·해(害) 등 네 가지에 이르기 때문에 궁합을 볼 경우 웬만하면 "그 결혼 피하는 게 좋아!"라는 소리를 듣기 십상인 것이다. 결혼하면 안 되는 이유도 다양하기 그지없다. 서로 융화하기 힘들어서, 혹은 부부 어느 한쪽에서 불륜을 일으키기 쉽기 때문에, 한 사람이 자기 고집만 세우다 풍파를 만날 것이기 때문에, 또 그것도 아니면 어느 한쪽이 상대방을 요절시킬 운명이기 때문에 결혼이 바람직하지 않다는 것이다.

그러나 궁합에 대한 의존도는 분명 예전만 못하다. 그리고 이러한 상황이 사실 사주의 원리와도 더 부합한다. 궁합을 본다는 것은 두 사주의 화학반응을 보는 것인데 이 반응은 사주 구성요소 몇 개의 간단한 조합으로 환원하기에는 너무나 복잡하기 때문이다. 태어난 연·월·일·시 각각의 천간·지지가 상대편 사주의 천간·지지와 서로 어떤 식으로 반응하는지를 살펴야 하는데 여기에 변수가 너무 많다.

그래서 궁합이 서서히 인기를 잃어가는 상황은 바람직한 동시에 사주의 본질에도 들어맞는 일로 봐야 할 것이다. 사주를 이루는 여덟 개의 글자가 한 사람의 인생을 통해 만들어내는, 그 천변만화(千變萬化)의 과정을 기계적으로 단순화하는 것은 제대로 된 사주풀이일 수 없기 때문이다.

치명적 결함

포러의 심리 실험

60여 년 전 미국의 한 대학 연구실에서 벌어진 일이다. 이 학교의 학생 브라이언은 성격 분석을 위해 만들어진 설문지 하나를 받았다. 브라이언의 친구들도 같은 설문지를 받았다. 브라이언은 빼곡하게 채워진 질문에 진지하게 답을 해 설문지를 제출했고, 얼마 지나지 않아 자신의 성격이 분석된 결과지를 받았다.

그는 결과지에 적힌 자신의 성격을 빠르게 읽기 시작했다. 그리고 흠칫 놀랐다. 자신의 성격을 너무나 정확히 맞혔

기 때문이다. 성격 분석 밑에는 분석의 정확도를 1(poor)~5점
(excellent)으로 나눠 평가하라는 항목이 있었다. 브라이언은
망설이다가 4점(good)에 표시를 했다. 다행스럽게도 그날 브
라이언을 놀라게 한 성격 분석 결과지가 지금도 남아 있다.

　　당신은 주위 사람들이 당신을 좋아하고 칭찬해줬으면
하면서도 정작 스스로는 자기 자신에게 비판적이다. 성격적
으로 몇 가지 약점을 지니고 있긴 하지만, 일상생활을 하
는 데 있어 탈이 있을 정도는 아니다. 당신은 아직 활용하
지 못한 재능을 많이 가지고 있다. 남들이 보기에는 절제
와 자기 통제에 능하지만, 사실 속으로는 걱정도 많고 불안
해 할 때도 많다. 올바른 결정을 내릴 수 있을까, 상황에 맞
게 행동할 수 있을까 심각하게 고민도 한다. 당신은 변화와
다양성을 좋아하고, 규칙이나 규제에 얽매이는 것을 싫어한
다. 당신은 자신의 독창적인 사고에 자부심을 갖고 있으면
서도 다른 사람들이 조금 별난 방식으로 얘기하는 것은 싫
어한다. 당신은 자신의 속내를 다른 이들에게 드러내는 게
현명하지 않다고 생각한다. 당신은 활달하고 붙임성 있고
사교적이지만, 때론 내성적이고 조심스럽고 침묵을 즐긴다.
당신은 때로 다른 이들이 비현실적이라고 평가하는 그런
꿈을 품기도 한다. 당신은 삶이 안정적이길 원한다.

그날 브라이언과 함께 설문에 참여한 다른 친구들도 성격 분석 결과지를 받고 역시 브라이언만큼 놀란 것 같다. 연구진이 성격 분석에 대한 개개인의 평가점수를 모아 평균을 내어보니 4.26점이었다. 대부분 '굿(good)' 아니면 '엑설런트(excellent)'에 체크한 것이다. 그런데 설문에 참여했던 학생들은 분석방법에 대한 연구진의 설명을 듣고 더 크게 놀랐다. 사실 연구진은 학생들이 제출한 설문지를 아예 들여다보지도 않은 것이다.

연구진이 학생들에게 제공한 결과지는 단 한 종류였다. 한 신문의 점성술 코너에 등장한 이야기들 중에서 문장들을 임의로 뽑아낸 후 이리저리 조합해 만든 내용이었다.

* * *

앞의 이야기는 '포러의 증명(Forer's demonstration)'으로 불리는 심리실험(1948년)을 재구성해본 것이다. 물론 신문 점성술 코너를 토대로 만든 결과지는 원문 그대로다. 그렇게 무작위로 만들어진 '가짜' 성격 분석 결과지에 대부분의 학생들이 '굿' 아니면 '엑설런트' 점수를 준 것도 당시 상황 그대로다. 개개인의 설문 답변을 분석하기는커녕 거들떠보지도 않았다는 설명에 학생들이 모두 자지러진 것 또한 틀림없는 사실이다. 여기서 지어낸 것은 브라이언이니 하는 학생의 이름 정도다. 혹시 실험에 참가한 학생들 중에 우연히 '브라이언'이라는 이름의 학생이 있었을 지도 모를 일이지만……

미국의 심리학자 버트램 포러(Bertram R. Forer, 1914~2000)는 이 실험을 통해 점성술, 바이오리듬, 애니어그램(Enneagram) 등 다양한 운명예측 기법들의 허구성을 드러냈다. '모호(vague)'하고 지극히 '일반적인(general)' 설명을 자기 자신만의 이야기로 받아들이는 일반인들의 심리를 파헤친 것이다.

지하철역에서의 경험

이렇게 특정 개인을 위한 맞춤정보로 위장하고 있지만, 사실은 '일반론'적인 메시지들이 도처에 깔려 있다. 언젠가 지하철역 구내에 세워진 광고판을 무심히 쳐다보고 있다가 포러 박사 스타일의 텍스트가 가진 위력을 실감한 일이 있다.

인터넷 뉴스의 검색 순위도 제공하고, 간략한 영화 정보도 제공하는 상업용 광고판 모니터를 이리저리 누르자 별자리에 따른 성격이 나타났다. 생일에 맞는 월(月) 버튼을 누르자 '물병자리의 성격'이란 제목과 함께 그럴싸한 메시지가 몇 줄 떴다.

당신은 원래 나서는 것을 그다지 좋아하지 않습니다. 그러나 결정적인 순간에 중재자가 필요할 때는 꼭 나서야 한다는 사명감을 갖고 있는 사람입니다. 또 스스로 믿고 있는 이상이나 목적을 위해서라면 다소의 불편함이나 희생도 감수할 수 있는 성격입니다.

잠시 '어쩌면 내 성격을 이렇게 정확히 맞힐 수 있을까?' 생각하다가 이내 웃고 말았다. 실험실 한쪽 구석에 심각한 표정으로 앉아 가짜 성격 분석 결과지에 감탄하고 있는 학생들이 생각났고, 이들을 바라보며 미소 짓고 있는 포러 박사의 얼굴이 떠올랐기 때문이다.

어디서든 나서기 좋아하는 몇몇 사람을 제외하면 '원래 나서는 것을 좋아할' 사람이 얼마나 될까? 그럼에도 불구하고 대부분의 사람들은 개인적으로 중요한 일에 맞닥뜨렸을 때 그게 아주 작은 일이라도 일종의 '사명감' 같은 것을 느낀다. 세상에 어떤 인간이 자신의 꿈을 실현하기 위한 일을 하는 데 있어 '다소의 불편함과 희생'을 마다하겠는가?

세상에는 이러한 예언과 예측들이 넘쳐난다. 누구에게나 적용할 수 있는 일반적인 얘기를, 지극히 개인적이고 은밀한 사연처럼 유통시키는 경우다. 그런데 대부분의 사람들이 그런 정보에 놀랍도록 순진하게 반응한다.

사주는 믿을 만한가?

자, 이제 미뤄왔던 질문을 던질 차례다. 사주는 과연 믿을 만한 것인가?

많은 사람들이 길거리 후미진 곳에 숨은 점집을 일부러 찾아가 역술인으로부터 자신의 성격과 운명에 대한 해설을 듣는다. 특유의 분위기에 압도당한 채, 또 5만 원 안팎의 비용을 지불할 때 생기기 마련인 진지함을 가슴에 품은 채 역술인의 이야기를 경청한다. 나지막한 목소리에 담겨진 점사(占辭)에 때로는 탄식하고 때로는 희망을 품는다. 그 해설은 과연 얼마나 정확한 것일까? 그 해설이 사실은 포러 박사가 갈파한 것처럼 모호하고 일반적인 설명에 불과한 것은 아닐까?

사주를 봐주는 명리연구가들이 가장 말하기 좋아하고, 그 맞은편에 앉은 고객들이 가장 듣고 싶어 하는 이야기는 사실 뻔하다. 고객들은 지금도 진행형인 환난이 언제쯤 끝날지 궁금해 하고, 반대편에 앉은 명리연구가는 "몇 달만 지나면 운이 트일 테니 걱정 말라"고 이야기한다. 고객들이 지금 직장을 옮겨도 되는지를 물으면 명리연구가는 백발백중 "지금은 때가 아니지만, 내년 가을(혹은 여름)쯤 기회가 찾아오면 그때 옮겨도 큰 탈 없을 것"이라고 말한다.

고객은 자꾸만 안 좋은 일만 당하는 자신의 자식들이 걱정스럽고, 역술인들은 "바로 그 액땜이 아니라면 엄청난 횡액(橫厄)을 당할 수도 있다"고 심각한 표정으로 경고한다. 큰돈을 벌고 싶어 하는 고객에게 명리연구가는 "재운이 너무 강하면 그 재운 때문에 건강을 해칠 수도 있으니 욕심을 적당히 내라"고 충고한다.

이 모든 언사들이 혹시 포러 박사가 신문 점성술 코너에서 뽑아낸 학생들에게 일괄적으로 돌린 결과지 속 바로 그 텍스트는 아닐까? 모호하고 동시에 일반적인, 그러나 바로 그 모호함과 일반성 때문에 점집을 찾아올 만큼 약해진 이들을 더욱 고분고분하게 만드는 그런 이야기들 말이다.

몇 개월이든 몇 년이든 기다리다보면 누구에게나 좋은 운 한번쯤 찾아오는 것은 당연한 일 아닌가? 직장 옮길 때 신중해서 나쁠 것 없으니 계절을 넘겨 기다려보라는 충고는 언제 들어도 좋은 약이다. 돈을 벌기 위해 무리하다보면 건강을 해치기 쉽다는 이야기 역시 유별나거나 감동적인 것은 아니다.

천 년을 넘게 생명을 이어온 사주 체계, 또 그 체계로부터 도출되는 사주 해설은 실망스럽게도 '코에 걸면 코걸이, 귀에 걸면 귀걸이'인 저급(低級)의 논리일 뿐인 걸까?

족집게는 있을까?

그러나 모든 점사를 호사가들의 허황된 입담으로 폄하하기에는 구체적 상황증거를 갖춘 명리연구가들의 무용담이 여럿 존재하는 것 또한 사실이다. 누군가는 일제 치하에서의 해방을 예견했다 하고, 누군가는 대통령의 시해를, 누군가는 월드컵 4강을 예측했다고도 한다.

금값 하락이나 증시 폭락 같은 최첨단 경제 영역의 이슈를 오로지 '사주적 전문성'만으로 훌륭하게 예측하는 명리연구가들도 있다(물론 그분들이 금값 상승이나 증시 호황을 이용해 떼돈을 벌었다는 얘기는 듣지 못했다).

"너도 한번 꼭 가보라"는 권유와 함께 듣게 되는 청담동·삼청동 족집게들의 사연이나 어느 산골짜기 토방에 칩거하면서도 정치·경제·사회 등 세상사에 두루 환한 용한 점쟁이들에 대한 찬사는 또 어떻게 취급할 것인가? 점집을 찾은 사람들이 실제 어린 시절 겪었던 사고의 내용과 시기를 구체적으로 들이대고, 남자·여자 형제의 숫자까지 정확하게 꼬집어내는, 그야말로 귀신이 곡하고 돌아갈 수준의 사주 해설을 내놓는 명리연구가들이 존재하지 않는가! 이들의 존재를 짐짓 모른 척 넘어갈 수만은 없는 일이다.

그러나 아쉽게도 도사 수준의 고수들이 내놓는 점사들은

사주 체계에서 직접 도출한 해설로 보기는 어렵다. 사주를 풀어내는 테크닉이 최고도에 오른다 해서 그런 해설들이 나오지는 않는다. 차라리 해당 명리연구가의 직관이나 통찰이 유발하는 신기(神技)의 영역에 속한 것으로 봐야 옳다.

중요한 것은, 다양한 스펙트럼으로 펼쳐지는 이 시대의 삶에 대해 명리연구가가 얼마나 깊은 통찰을 했느냐, 그래서 오행으로 치환된 기초 데이터와 고객들의 삶을 얼마나 제대로 연결시켜 말할 수 있느냐 하는 소위 '통변(通辯)'의 능력이다. 그런데 통변의 능력은 사실상 기법으로서의 사주보다는 신점의 영역에 더 가깝다고 봐야 옳다. 현대사에 족적을 남긴 사주의 몇몇 전설적 고수들 역시 기반은 사주에 두고 있으나 특유의 통찰력으로 사실상 사주를 초월한 인물들이다.

그러나 어느 쪽이든 상관없다. 사주의 해설이란 게 심리학자 포러가 학생들에게 건넨 결과지와 똑같은 실체 없는 수사(修辭)에 불과하든, 아니면 지극히 깊은 통찰이나 직관과 결부되기만 하면 사람의 운명을 단번에 꿰뚫어낼 수 있는 강력한 진리 체계이든 중요하지 않다는 얘기다.

그 단계에 도달하기 이전에 사주는 이미 치명적인 결함을 갖고 있기 때문이다. 사주라는 운명 예측 체계는 바로 그 체계의 핵심에 그 체계를 무효화할 수 있는 결함을 불안한 모습으로 끌어안고 있다는 얘기다.

사주의 핵심 — 일간

단순화시켜 말하면 현대의 사주 체계는 태어난 날의 오행(일간)과 태어난 달의 오행(월지)의 관계맺음에 의해 한 사람의 성격과 운명을 포함한 인생 전체가 결정된다고 본다. 그리고 그게 전부다. 대운 정도를 빼면 사주에 붙는 온갖 장식과 용어들은 그게 아무리 화려해도 죄다 잡동사니에 지나지 않는다.

이때 '일간'은 현대 사주를 지탱하는 가장 강력한 버팀목이다. 사주에서 그 사주의 주체를 뜻하기도 하거니와 월지·대운 등 사주의 중요 변수들도 모두 이 일간과의 관계에 의해 자신의 특성을 다시 부여받기 때문이다. 사주를 이루는 천간과 지지의 오행은 그게 목이 됐건 화가 됐건 토가 됐건 간에 일간과의 상생·상극 관계에 따라 자신의 특성을 다시 부여 받게 설계되어 있다.

그런데, 만약 사주 체계를 지탱하는 이 일간이 흔들린다면 어떻게 되는가? 사주를 저 뿌리에서부터 지탱하는 게 바로 태어난 날, 즉 일간의 오행인데 그 실체성이 부정된다면 사주 체계는 어떻게 되는 것인가? 그러니까 어떤 날의 오행이 목일 이유도, 화일 이유도, 아니면 토나 금, 수가 되어야 할 이유도 없다면 사주 체계는 살아남을 수 있는 것인가?

치명적 결함 – 일간의 허구성

여기서 다시 한 번 사주 보는 법을 살필 때 이용했던 2014년 7월 2일생 아이의 사주를 나열해보자.

$$丁\ 甲\ 庚\ 甲 \rightarrow 火\ 木\ 金\ 木$$
$$卯\ 戌\ 午\ 午 \quad\quad 木\ 土\ 火\ 火$$

앞서 이 아이에 대해 현대 사주는 '표현에 능하고 외향적인 성격이어서 연예인이나 말 잘하는 교수, 강사 등으로 먹고살기에 적합한 운명'이라는 판단을 내릴 것이라고 이야기한 바 있다. 판단의 근거는 오행으로 치환한 팔자 중 태어난 날의 천간인 木과 태어난 달의 지지인 火의 관계다. 그 가운데서도 최종적인 근거는 이 사주의 주체로 간주되는 일간, 木이다.

그렇다면 사주 판단에 있어 가장 중요한 것은 연·월·일·시 네 개의 간지 중 바로 '일'의 간지인 갑술(甲戌)인 셈이다. 사주에서는 이 간지를 일주(日柱)라고 해서 매우 중시하는데, 2014년 7월 2일의 일주는 어쩌다가 갑술이 됐을까? 다른 이유는 없다. 매일 매일의 간지를 기록해놓은 만세력에 그렇게 나와 있기 때문이다.

그럼 만세력에 쓰인 일주의 기준이 되는 '첫날'은 과연 언제일까? 매일 매일 60갑자 순서대로 흘러가는 간지가 출발한 바로 '그 시작의 날'은 언제일까? 참으로 오랜 세월을 돌고 또 도는, 만세력의 기원이 되는 '갑자년'의 '갑자일'이 도대체 언제이냐 하는 것이다. 누구도 만세력의 시작이 되는 60갑자 순환의 시발점에 대해 설명하지 않는다. 사주를 업으로 삼는 모든 이들이 이 중요한 문제에 대해 그냥 어물쩍 넘어가고 있는 것이다.

태어난 달의 간지와 태어난 시간의 간지는 문제될 게 없다. 태어난 달의 지지는 봄·여름·가을·겨울의 기운을 따라 자신에 맞는 오행을 품는다. 절기상 봄에 해당하는 2·3·4월(사주 체계에서는 인·묘·진)에 목이, 여름에 해당하는 5·6·7월(사주 체계에서는 사·오·미)에는 화가 배정되는 식이다. 태어난 시간의 지지 역시 새벽·아침·점심·저녁의 기운을 따라 결정된다. 굳이 기준점을 찾지 않아도 태어난 달, 태어난 시의 간지와 그 시점의 오행은 유의미하게 연결된다.

그러나 태어난 해와 태어난 날의 간지는 60갑자 순환의 시간적 기원을 해명하지 않고는 존재할 수가 없다. 2013년은 계사년이고, 2014년은 갑오년이고, 2015년은 을미년이란 말이 아무런 근거도 갖지 못한 낭설이 될 수 있다는 것이다. 태어난 날 역시 같은 이유로 낭설이 될 수 있음은 물론이다. 태어난 해와 날은 그 자체로 계절(태어난 달)이나 밤낮의 전개(태어난 시)와 같은 내재적 의미를 가질 수 없다.

만세력이 허황된 것이라면?

태어난 해의 간지와 관련해, 『춘추(春秋)』 등 고전 사서에 나타난 중국 고대 국가 주(周)나라의 사실(史實)과 그와 연관된 60갑자 연도 표시를 기준으로 제시하는 경우도 있다. 하지만 그 정도로는 문제가 해소되지 않는다. 그 연도 역시 근거를 알 수 없는 간지 표시일 뿐, 시원(始原)의 불확실성은 여전한 것이다. 태어난 날의 간지의 기원을 추적하는 일 역시 미궁에서 헤어나지 못한다.

사주나 오행에 대해 문외한인 사람들은 연·월·일·시 네 개의 기둥 형식에 배열된 여덟 개의 글자, 즉 팔자에서 아무런 의미를 찾지 못한다. 그런데 그 여덟 개의 글자 가운데 일간을 포함한 대부분의 간지 표시가 근거를 갖지 못한다면……. 이 경우 사주나 오행을 아는 사람에게도 네 개의 기둥에 세워진 여덟 개의 글자는 무의미한 것이 되고 만다.

만약 사주를 이루는 여덟 개의 글자들이 아무 의미도 갖지 못한 기호들에 불과하다면 역사상 사주의 최고수가 살아 돌아와 주어진 사주를 푼다 해도 그것은 무의미한 장난에 불과하다. 사주 체계 전체가 한순간에 허물어질 수 있다는 얘기다.

이때 사주를 기초로 한 역술인의 해설이 모호한가 정확한가, 일반적인가 구체적인가 묻는 것은 그야말로 실체 없는 질문이 되고 만다. 사주 해설의 기초가 되는 바로 그 여덟 개의 기호와 그 기호들의 데이터베이스인 만세력이 지극히 자의적인 구성물이라는 사실이 드러났기 때문이다.

따라서 만세력을 보고 특정인의 생년·월·일·시에 맞춘 여덟 개의 간지 기호를 진지하게 뽑아내는 것은 그 행동이 진지할수록 우스꽝스러운 일이 되고 만다. 현대의 사주 체계는 그 체계가 자신의 핵심요소로 자랑해온 '일간'에 의해 힘없이 붕괴될 운명이 되고 마는 것이다.

사주는 폐기돼야 하나?

그렇다면 사주는 폐기되어야 마땅하다. 아무런 근거를 찾을 수 없는, 무의미한 기호들을 이용해 삶의 깊은 의미를 해독하려는 시도에 시간과 관심을 할애할 필요는 없다.

그런데 무언가 이상하지 않은가? 사주 체계 전체를 무력화할 수 있는 치명적 결함은 보이지 않는 어느 구석에 꼭꼭 숨어 있던 게 아니다. 사주의 결함은 사주에 대해 어느 정도

학습을 한 사람이라면 충분히 알 수 있는 장소에 너무나 오 랫동안, 그리고 놀랄 정도로 태연하게 노출되어 있었다.

게다가 사주를 업으로 하는 사람들에게서도 무언가 적극 적으로 그리고 고의적으로 속이려 한 기미를 찾기도 어렵다. 그 결함을 감추기 위해 대단히 노력을 쏟아부은 흔적도 보이 지 않는다. 왜일까?

그럴 필요를 느끼지 못했기 때문이다. 무의미한 기호이자 동시에 아무리 잘 다듬어진 기법으로도 극복할 수 없는 문 제투성이의 재료들로 구축한 점사이지만, 그 점사가 실제 사 람들의 마음을 얼마나 위력 있게 움직이는지 수없이 보았기 때문이다. 좌절한 모습으로 자신을 찾아왔다가 자신의 사주 해설에 용기를 얻어 삶의 현장으로 되돌아가는 사람들을 보 면서 역술인들은 사주 체계의 가치에 확신을 가질 수밖에 없었을 것이다.

사주 체계를 일거에 날릴지도 모를 위험한 탐구 대신 그 들은 초자연적인 신비에 대한 감사를 택했다. 태어난 해, 태 어난 날의 간지의 근원을 추적하는 대신 특정한 해와 날에 간지와 오행을 점지해준 하늘의 뜻에 수긍과 만족을 표시한 것이다.

물론 지적인 게으름으로 인해 사주의 결함이 존재할 수 있 다는 생각조차 못한 얼치기 역술인도 많을 것이다. 지금도 사주·주역의 간판을 길거리에 내건 많은 역술인들이 그런 수준일지 모른다. 그런 얼치기들을 논외로 할 때, 사주를 업으로 삼은 고금(古今)의 고수들을 일종의 지적 마취와도 같은 소명 의식 속으로 몰아간 것은 무엇이었을까?

혹시 정확한 근거의 부재를 이유로 제기한 일간의 허구성 그 자체가 허구인 것일까? 만세력이 기록하고 있는 간지의 논리적인 시원을 실증적으로 입증할 수 없는 게 사실이다. 그러나 실증할 수 없다고 부정할 수는 또 없는 일이다. 사주의 고수들이 감사했던 하늘의 뜻이 정말 있는 것이라면? 그게 언제인지 모르지만 만세력의 첫 기록자들이 정리한 간지의 배열이 자의적인 것이 아니라 천명(天命)에 따른 것일 수도 있다는 가능성을 배제하지 말자는 것이다.

그러나 다시 한 번 천명의 존재 여부는 확인할 수 없는 것이다. 그보다 예측 자체를 무의미한 일로 만들 수 있는 이러한 치명적 결함을 덮어온, 사주의 다른 효용을 찾아보는 것은 어떨까? 사주의 중요한 본질이, 예측의 정확성과는 전혀 관계없는 다른 곳에 있는 것은 아닐까?

사주의 본질

   사주를 미신과 동일시하는 전근대적 시각을 버리는 순간, 사주의 진짜 기능들이 드러난다. 그중 하나는 어쩔 수 없이, 그리고 여전히 '운명 예측'이다. 사주가 아니더라도, 또 점이 아니더라도 미래 예측에 대한 수요는 끊이지 않는다. 확률과 통계로 중무장한 현대 과학이 시도하는 각종 예측을 보라. 데이터와 적용 방법은 바뀌었을지 몰라도 미래를 알고 싶어 하는 인간의 욕구는 사라지지 않는다.

사주는 위로다

그러나 예측을 시도하는 경쟁자들이 많아지면서 예측이 아닌 사주의 다른 기능이 두각을 나타내기 시작한다. 그것은 바로 '위로'다. 사주를 포함한 점술들은 운명만 예측하는 게 아니라 천 년 넘게 갈고닦아온 상담과 대화의 기술을 통해 끊임없이 고객들을 어루만지고 격려해왔다. 더욱이 운명을 결정하는 변수들이 폭증하면서 예측의 정확도는 떨어질 수밖에 없다. 따라서 현대에 접어들수록 사주의 무게 중심은 '운명 예측'보다는 '위로' 쪽으로 옮겨갈 수밖에 없게 됐다.

상황이 이러하니 사주 분석의 정확도는 예전만큼의 중요성을 갖지 못한다. 사주를 구성하는 여덟 개의 기호가 오행과 의미 있는 관계를 갖고 있는지, 나아가 그 기호의 선정과 배열이 작위적인지 아니면 천명에 따른 것인지 등을 따지는 것은 중요하지 않다는 얘기다. 사주의 모든 변수와 판단은 이제 삶에 지친 수많은 영혼들을 얼마나 잘 보듬어줄 수 있느냐 하는 문제로 환원된다.

그렇다면 사주는 도대체 어떤 미덕으로 삶과 사람을 위로하는 것일까? 사주의 어떤 요소가 삶에 지치고, 그 삶에 속았다고 생각하는 사람들을 위로할까? 이제 그 질문에 답해야 한다.

멀리까지 해찰하러 나가서는 답을 찾을 수 없다. 답은 언제나 가까운 곳에 있다. 다른 사람이 아닌 '나'부터 생각해야 한다. '나'를 힘들게 하는 게 무엇인지부터 단도직입으로 물어야 한다. '나'를 고달프게 하는 게 무엇인지 찾아낼 수 있다면 그 고달픔을 위로할 수 있는 게 무엇인지도 단박에 알게 된다.

삶을 힘들게 하는 것들

삶을 가장 힘들게 하는 것은 '그 힘든 삶이 영원히 변하지 않을 것'이라는 바로 그 생각이다. 지금 겪고 있는 삶의 고단함이 계속된다면? 그 막막함은 이루 말할 수 없다. 지극히 어렵고 지독하기까지 한 이 삶이 죽을 때까지 지속된다고 했을 때의 그 느낌, 그 정신적 공황을 이겨낼 수 있는 이가 몇이나 되겠는가? 이럴 때 누군가 그런 삶이 변할 것이라는 확신만 준다면, 삶은 그래도 견딜 만할 것이다.

그러나 변화의 가능성을 믿게 된다 해도 남들과 자신을 비교하기 시작하면 삶의 질은 다시 급전직하한다. "○○○는 50평대 아파트에 사는데 나는…….""○○○는 부부가 쌍으로 고급 외제차를 몰고 다니는데 나는…….""○○○는 돈이 많아 만날 해외여행 다니며 사는데 나는……."

비교는 끝이 없고, 삶에 대한 혐오는 깊어만 간다. 이럴 때 남들과의 비교가 얼마나 부질없는 짓인지 누군가 확신만 준다면 삶은 그래도 견딜 만하지 않을까?

현대인의 삶을 버겁게 하는 요소는 또 있다. 우리를 둘러싸고 있는 논리와 합리의 그물망이다. 현대 사회는 '합리'라는 이름으로 그 구성원들을 물샐 틈 없는 그물망처럼 '관리'한다. '합리적으로!'라는 구호는 근대 이후 모든 철학과 학문을 그 영향력 아래에 둔 채 이 사회를 견인해왔다. 그리고 그렇게 견인하는 동안 사람들을 '합리적으로' 힘들게 했다. 누군가 이 물샐 틈 없이 답답한 합리의 그물망을 끊어낼 용기를 준다면 삶의 무게는 훨씬 가벼워지지 않을까?

마지막으로 사람들을 힘들게 하는 요소가 바로 강한 자의식과 체질화된 이기(利己)의 습관이다. 자아를 공고히 함으로써 이 세상 풍파와 맞서고, 그렇게 맞섬으로써 세상을 이길 수 있다고 사람들은 생각한다. 하지만 세상에 맞서는 방법으로는 세상을 이길 수 없다. 세상에 맞선다고 생각할수록 삶은 더 피곤해지기 마련이다. 세상은 맞서야 할 대상이 아니기 때문이다.

누군가 세상과 맞서려고만 하는 자의식이 얼마나 허황된 것인지 알려준다면, 누군가 자기 자신을 내려놓고 사는 것만큼 삶을 풍성하게 하는 일이 없다고 설득력 있게 말해준다면, 삶을 '견디며' 사는 일 따위는 사라지지 않을까? 그런데 혹시 이 모든 일을 사주가 해낼 수 있을까?

동아시아 변혁의 이면

중국이나 조선의 역사를 보면 이런저런 변혁(變革)의 와중에 오행이나 사주팔자가 심심찮게 등장한다. 먼저 중국사의 경우다. 「삼국지」 같은 소설을 한번 보자. 한나라를 멸망시키겠다고 들고 일어선 사람들이 누구인가? 노란 두건을 두른 황건적(黃巾賊)이다. 왜 하필 노란 두건일까? 그것은 '황(黃)'이 오행 중 土에 결부된 색이기 때문이다.

한나라는 붉은색을 중시한 火의 제국이었다. 목·화·토·금·수 오행의 전개 순서에 따르면, 火 다음에는 土가 와야 한다. 土 그리고 土와 결부된 黃을 내걸어야 한나라가 놓친 천명의 승계를 스스로 확신하고, 대외적으로도 과시할 수 있었기 때문이다.

이번엔 조선으로 눈길을 돌려보자. 『정감록』이란 예언서의 존재에서 확인되는 것처럼, 조선의 경우 오백 년 역사 내내 변혁의 상징적 담지자인 정(鄭) 씨 성을 가진 어떤 인물의 출현에 신경을 곤두세우고 있었다. 이때 중요한 것은 누가 과연 바로 그 '정 씨'인가 하는 점인데, 역사의 중요한 고비 때마다

막연한 그 '정 씨'의 실체를 확인해준 것은 바로 그 '정 씨'를 자처하는 인물의 사주팔자였다.

사주팔자는 이렇게 동아시아 역사의 고비 때마다 변혁의 주요한 무기였다. 그 이유는 무엇일까? 물론 불의 제국 뒤에 흙의 제국이 와야 한다거나 '정 씨'는 이러이러한 사주여야 한다거나 하는 식의 구체적 지침 정보를 제공했기 때문일 수 있다. 그러나 그보다 훨씬 근본적인 이유는 사주 체계 저변에 묵직하게 흐르고 있는 '변화의 코드'였다.

사주는 변한다

사실 사주 체계 전체가 자연과 인간사에서 나타나는 지속적 변화를 형상화한 것이다. 사주의 알파와 오메가라 할 수 있는 '오행' 자체가 끊임없는 변화를 다섯 가지 기호에 담아낸 것이니 말이다. 목·화·토·금·수의 오행은 한시도 머물지 않으면서 돌고 도는 모종의 '기운'을 뜻한다. 성장하는 木의 기운에서 시작해 확 퍼지며 발산하는 火의 기운으로, 잠시 머물며 변화를 준비하는 土의 기운에서 이제 모든 것을 고사(枯死)시키는 金의 기운으로, 끝내는 모든 것을 수렴하는 水의 기운으로 변해간다. 따라서 오행의 존재는 자연사·인간사 모두 끊임없이 변화한다는 사실의 천명 외에 다른 것일 수 없다.

좀 더 구체적으로 살펴보자. 사주는 태어난 연·월·일·시에서 직접 도출되는 여덟 개의 기호를 해석하는 체계다. 그렇게 네 개의 기둥(사주)에 세워진 여덟 개의 기호(팔자)를 사주의 원국(原局)이라 하는데, 이 사주 원국이 사람의 평생 운명을 결정짓는다는 게 사주 체계의 한 축이다. 그런데 사주의 다른 한 축은 이 사주 원국이 한순간도 고정되는 법 없이 평생을 통해 변화한다는 것이다.

일부 아마추어 역술인들이 이 사주 원국을 고정불변인 양 절대시하지만, 그것은 사주에 대한 몰이해 탓이다. 사주 원국에서 절대적인 비중을 차지하는 게 월지 즉, 태어난 달의 십이지지다. 물병자리니 사자자리니 쌍둥이자리니 하는 식으로 분류하는 서양의 태양궁 점성술도 오로지 태어난 달에 따른 것이다. 이는 사주에서도 마찬가지여서 태어난 달의 중요성은 막강하다. 그런데 태양궁 점성술에서와 달리 태어난 달의 기운이 일생을 통해 변화한다는 게 사주 해석의 정설인 것이다.

사주에서 태어난 달은 궁극적으로 계절을 가리키는데, 그 계절이 한 사람의 인생을 통해 봄에서 여름으로, 또 여름에서 가을, 겨울로 변한다는 게 바로 대운의 이론이다. 물론 대운의 계절은 자연의 계절과는 다르다. 비유적으로 얘기하는 '인생 사계절' 정도를 떠올리는 편이 나을 것 같다.

삶도 변한다

사주를 보러 가면 흔히 "몇 년 후쯤 대운이 온다"는 식의 이야기를 듣는다. 편의상 5년 또는 10년 주기를 상정해놓았기 때문에 그런 얘기를 하는 것이지만, 사실 대운은 한 사람이 태어난 순간부터 쉬지 않고 사계절의 형식을 빌려 돈다고 봐야 한다.

그렇게 돌고 도는 대운은 어떤 사람이 그의 인생에서 지금 어느 계절을 지나고 있는지, 동시에 그 계절이 어느 쪽으로 변할 것인지 알려주는 장치다. 그런데 문제는 그 대운이 항상 좋은 시절만 지나고 있을 리는 없다는 것이다. 한 사람의 대운은 모든 것을 시들게 하는 가을이나 모든 것을 얼어붙게 하는 겨울을 지나고 있을 수도 있다. 그렇다고 걱정에 사로잡혀 있을 필요는 없다. 겨울의 존재 자체가 곧 도래할 봄을 미리 보여주는 것 아닌가?

같은 이유로 만약 인생의 계절이 화려한 여름을 지나고 있다 해도 방심은 금물이다. 곧 시련의 계절이 오는 법이고, 그게 피할 수 없는 운명의 순환이기 때문이다.

대운이 있다는 것은 이렇게 삶의 색채가 시시각각 달라진다는 것을 의미한다. 대운은 그런 색채의 변화를 사계절의 변화로 인식하고 있을 뿐이다. 요컨대 대운 그리고 대운을 한 축으로 삼는 사주의 대전제는 어떤 인생이든 예외 없이 상승하고 하강하는 형태의 굴곡을 가진다는 것이다.

그렇게 굴곡 있는 인생이 정상이요, 굴곡 없는 인생이 비정상이다. 그런데 대부분의 사람들은 굴곡 없이 평탄한 직선이나 상승하는 국면만을 자기 삶으로 인정하려 한다. 하강 국면은 비정상적인 것이라고 생각하는 것이다.

그러나 우리는 수많은 삶의 요소들이 끊임없이 생멸(生滅)하는 '변화의 이치'를 받아들여야 한다. 그게 삶의 진정한 모양새라고 사주는 이야기한다. 그게 바로 사주가 삶을 위로하는 방식이다.

51만 8,400개의 운명

사주가 전달하는 또 하나의 메시지는 "모든 삶은 비교 불가능하다"는 것이다. 아주 평범하고 간단하지만 충격적인 산수(算數)부터 하나 보자. 바로 사주 체계가 계산하는 운명의 가짓수다. 어렵지 않은 계산이다.

사주는 한 사람이 태어난 연·월·일·시의 조합으로 이루어진다. 그러니 그의 운명은 가능한 연·월·일·시의 조합 중

한 가지다.

그러면 몇 개의 조합이 가능할까? 먼저 연(年)은 첫 번째 갑자(甲子)부터 마지막 계해(癸亥)까지 모두 60개다. 당연한 설명이다. 60갑자니까 60가지다. 태어난 날, 즉 일(日)도 마찬가지다. 60갑자로 돌고 도니 60가지다.

그러나 태어난 달과 태어난 시간은 60가지가 아니다. 태어난 달은 1월부터 12월까지 12개다. 십이지지의 순서에 따라 자(子, 12월)부터 해(亥, 11월)까지 12개다. 시간도 월(月)과 마찬가지로 12가지다. 요즘 시간 계산으로는 24시간이지만, 옛날식으로는 2시간씩 12개다. 예컨대 인(寅)시는 새벽 3~5시, 두 시간 동안을 말하기 때문이다.

이렇게 되면 연, 월, 일, 시는 각각 60, 12, 60, 12개로 구분된다. 따라서 사주 체계상 운명의 가짓수는······.

60(년) × 12(월) × 60(일) × 12(시) = 518,400

사주 체계의 입장에서 운명의 가짓수는 51만 8,400개라는 얘기다. 너무 많다는 생각이 드는가? 많은 게 아니다. 사람의 운명이란 것은 그 차이가 아무리 미묘할지라도 제각각 다를 수밖에 없다. 그러니 운명의 수도 사람 수만큼이라고 보는 게 가장 정확하다. 21세기 초반 기준으로 지구상의 인구는 모두 70억 명이다. 그러니 운명의 가짓수도 70억 개인 것으로 볼 수 있다.

그렇긴 해도 70억 개의 서로 다른 운명을 상정하는 것은 사실상 무의미한 일일 것이다. 물론 사주의 입장에서 계산한 50만 개의 운명도 '분류되지 않은 재료'에 불과하다는 측면에서는 똑같이 무의미할 수 있다. 그러나 이 숫자는 적어도 돈이나 명예 등 한두 가지 기준으로 수많은 운명을 서열화하려는 모든 시도를 무력화한다고 볼 수 있다. 수많은 제각각의 운명을 비교한다는 것이 대단히 허망한 일임을 보여주기 때문이다.

운명을 비교한다?

사주를 푼다는 것은 별다른 일이 아니다. 추출 가능한 51만 8,400개의 운명을 여러 가지 방식으로 카테고리화하는 것이다. 산술적으로 가능한 51만 8,400개의 운명 모델을 이런 방법으로도 분류해보고 저런 방법으로도 분류해보는 게 사주의 역사다.

12개의 띠만 가지고 사주를 풀면 사람들의 운명은 12개로 분류될 것이다. 오행의 구성으로 사주를 풀면 운명의 종류는 5개가 될 것이다. 이때 음·양을 고려한다면 그 카테고리가 10개로 늘어날 것이고, 가장 많은 숫자의 오행(다섯 가지)과 두 번째로 많은 오행(네 가지)의 조합을 만들어보는 방식이라면 20개(5×4)가 된다.

현대 사주는 오행을 진일보시켜 '십신(十神)'이라는 장치를 사용하기도 한다. 여기서 십신은 사주를 카테고리화하기 위해 새롭게 고안한 10개의 요소 정도로만 알아두자. 십신을 이용하면 운명의 카테고리는 10개가 될 수도 있고, 이때 주(主)와 종(從)으로 뽑히는 2개의 십신을 이용한다면 카테고리는 90가지(10×9)가 된다.

이제는 멸종 단계지만 한때 사주계를 풍미했던 수많은 살들이 변수로 추가되면 운명의 가짓수는 수백 수천 개로 늘어날 수 있다. 이 같은 상황에서 비교가 어떤 의미를 지닐 수 있단 말인가?

자신의 인생을 남의 인생과 비교하는 사람들은 대개 비슷한 특징을 갖고 있다. 살아가면서 맞닥뜨리는 상황을 몇 가지 요소로 단순화시키는 경향이 있다는 것이다. 삶의 상황이란 게 어느 경우든 복잡하기 마련인데, 그들은 그 복잡한 상황을 대개 돈이나 권력, 명예로 환원한다.

물론 사주 체계 역시 한 사람의 인생에 들어오고 나가는 운을, 돈을 뜻하는 재운과 권력을 뜻하는 관운 일변도로 단순화시켜온 혐의를 벗을 수는 없다. 그러나 사주의 본령으로 들어가면 재운과 관운은 사주가 고려하고 있는 다양한 운 중 일부에 불과하다.

사주가 그 체계 자체로 주장하는 것은 운명이란 게 한두 가지 요소로 환원시킬 만큼 단조로울 수 없다는 사실이다. 사람들은 모두 제각각 자신의 운명을 살아갈 뿐이다. 운명을 비교하는 것은 어떤 경우라도 불필요하고 무의미한 일이다.

비합리의 공간

고색창연한 미아리의 점집이든, 청담동의 럭셔리한 점집이든, 대학가의 사주 카페든 '점' 관련 공간들의 공통점은 뚜렷하다. 일상적인 공간에서라면 대단히 비합리적으로 보일 이야기들이 이러한 공간에서는 아주 진지하게 오고 간다는 것이다.

"힘들어도 올겨울만 넘기면 좋은 일 생길 거야."
"직장을 옮긴다고? 지금은 타이밍이 안 좋아."
"2년만 참아. 많진 않지만 돈 좀 만질 수 있어."
"지금 만나는 남자 말고 다른 남자랑 결혼하게 될 거야."

적어도 현대 사회에서, 정상적인 맥락에서라면 도저히 오갈 수 없는 이런 얘기들이 점집에서는 예사로 오간다. 어떤 이들은 '사주점은 통계를 기반으로 하는 과학'이라고 주장하지만 별 도움 안 되는 얘기다. 물론 신점과 달리 사주가 나름의 체계를 갖고 있는 것은 사실이다. 사주는 분명 추상적인 오행 원리에서부터 개인들의 구체적인 성격과 운명에 이르는 일관된 시스템을 갖고 있다. 그러나 그런 절차상의 규칙이 점을 합리적인 예측의 세계로 자리매김해주는 것은 아니다.

그 종류가 무엇이 됐든 점은 현대적 맥락에서 합리적일 수 없고, 합리적일 필요도 없다. 어떤 종류의 점이건 거기에 '합리'라는 잣대를 엄격히 들이대보라. 모든 것이 우스운 얘기가 될 뿐이다. 사주, 주역, 타로, 신점……. 이러한 관점에서는 어떤 것도 남아날 게 없다.

서구인들의 입장, 다시 말해 근대 합리주의 시각에서 바라볼 때 오행과 사주명리를 포함한 동양의 점은 비합리적인 것의 대표 주자들이다. 논리와 과학으로 실증될 수 없는 이론들이다. 아니, 이론 취급도 받지 못하는 미신과 잡설일 뿐이다.

그러나 그 미신과 잡설들이 사람들의 고단한 일상을 실제 위로해주고 있다면? 물질적 진보가 아닌 행복의 관점에서 정말 필요한 것이 합리가 아닌 비합리의 담론이라면 그 이유는 무엇일까?

삶은 논리적이지 않다

삶의 고통이 합리적인 이유로 발생하는 경우는 거의 없다. 누군가의 삶이 합리의 테두리에서 튕겨져 나올 때 고통이 생긴다. 고통의 이유가 합리적이지 않으니 고통을 치유할 도구도 합리적인 데서 찾아지지 않는다. 이때 필요한 '비합리적' 해결책을 사주가 제시한다.

점이 던지는 메시지를 생각해보라. 점은 고통의 원인을 조목조목 따지지 않는다. 점이 먼저 묻는 것은 "지금 당신은 당신 운명의 스펙트럼에서 어느 지점에 있는가?" 하는 것이다. 점은 "지난 시절을 돌아보며 당신 운명의 장기적인 흐름을 한번 느껴보라"고 말할 뿐이다. 운명을 탓하고 운명에 모든 이유를 돌리라는 얘기가 아니다. 부침과 곡절은 누구에게나 찾아올 수 있다는 사실부터 인정하고 들어가라는 것이다. 시시콜콜한 이유를 찾는 대신 합리적이지 않은 사태의 흐름을 조용히 지켜보라는 것이다.

누군가 경제적인 어려움에 처해 있다고 하자. 여러 운 중 재운이 약화된 이 순간에도 운명의 다른 요소들은 쉬고 있지 않다. 요동치고 있는 자신의 운명을 직시하며 그 흐름이 변하는 순간을 기다리는 것이 중요하다. 그 움직임을 조용히 바라보며 자신의 바람을 다시 한 번 절실히 되새기라는 것이

점의 충고다.

사주든 신점이든 주역점이든 나름 점을 좀 본다는 사람들은 예외 없이 인생의 신산(辛酸)을 겪은 사람들이다. 요즘 사주를 다룬 한 책의 저자로 잘나가는 스님 한 분은 한참 고물상을 했다 하고, 부산에서 명사 대열에 오른 한 역술인은 스무 살이 되기 전부터 생계를 위해 점치는 일을 시작해야 했다. 계룡산과 지리산에서의 방황은 역술인들이 내세우는 프로필의 단골 메뉴 아니던가.

역술인들의 이러한 인생역정도 '위로'의 한 근거가 된다. 인생에서의 좌절, 그 소외의 경험이 소외당한 사람들을 치료하는 데 적절히 쓰이기 때문이다. 사주를 업으로 삼는 사람들만큼이나 사주 체계도 백여 년에 걸쳐 철저하게 소외당해왔다. 사주가 최근 들어 상담과 위로의 체계로 각광받을 수 있는 하나의 이유이기도 하다.

'도리삼푼(道理三分)'이란 말이 있다. 선(禪)불교의 황금 시대였던 당나라 때 석두(石頭) 희천(希遷)이라는 당대의 큰 스님이 한 말이다. 무릇 시비(是非)와 곡직(曲直)을 따질 때 논리와 합리는 삼 푼, 그러니까 30퍼센트만 이용하라는 얘기다. 그럼 나머지는? 인정도 생각하고 사정도 참작해야 한다.

사는 게 실제 그런 것 아닌가? 짜맞춘 듯 기계처럼 돌아가는 삶이란 꿈에서도 존재하지 않는다. 모든 것이 합리적으로 돌아가야 한다는 생각, 그것은 점의 견지에서 강박이요, 낭설에 지나지 않는다.

자기 포기

사주를 믿는다는 것은 자신의 생각 대신 운명을 믿는다는 것이다. 자신이 생각하는 자신, 자신이 분석하는 세상 대신 운명이 이야기하는 자신, 운명이 이야기하는 세상을 믿는 것이다.

그런데 그 운명이, 태어나는 바로 그 순간 자신에게 집결된 오행의 기운으로부터 비롯한다는 게 사주의 설명이다. 이후에도 그 기운은 사주 당사자의 구체적 생활과는 독립적으로 발전·전개된다. 그렇기 때문에 사주가 이야기하는 운명은 한 사람이 일생을 통해 갖게 되는 아집과 착각으로부터 자유로울 수 있는 것이다.

그래서 사주풀이를 업으로 삼는 사람을 찾아가 그로부터 자신의 운명에 대한 해설을 듣는다는 것은 자의식을 덜어내는 것과 다르지 않다. 자기 확신으로 가득 찬 사람은 역술인이 들려주는 운명의 이야기를 자신의 것으로 받아들일 수 없다. 그러나 자신을 버리고, 자기를 포기한 상태로 그 설명에 마음을 열면 지나 보낸 시절과 다가올 시절이 한순간 새롭게 떠오르기 마련이다.

사주는 그렇게 일종의 '자기 포기'를 전제로 존재하는 세계다. 이 세상이 아집과 자만, 지나친 자기 확신을 가진 사람들로만 가득 차 있다면 사주는 지금까지 살아남지 못했을 것이다. 사주는 개인 의지와는 무관한 하늘의 뜻, 자연의 순환을 고집스럽게 이야기한다. 세상 사람들에게 자기 자신을 믿지 말고, 자신의 영역 밖에 있는 운명의 존재를 믿으라고 말한다. 그게 사주가 삶과 세상을 위로하는 방식이다.

사주의 종교성

시대를 막론하고 자아에 대한 집착이야말로 모든 불행한 의식의 가장 큰 원인일 것이다. 중요한 종교들마다 교리의 주요 테마로 '자기 포기'를 들고 있는 것이 그 반증이다.

기독교의 복음서를 보라. 예수는 제자들에게 "누구든지 나를 따라오려거든 자기를 부인하고 자기 십자가를 지고 나를 따를 것이니라(마태복음 16장 24절)"라고 말한다. 고난 끝에 죽임을 당하고, 사흘째 되는 날 자신이 부활한다는 사실을 제자들에게 밝힌 직후의 얘기다. 이런 절박한 상황에서 예수가 제자들에게 던진 화두가 '자기 부정'과 '자기 포기'였다. 자기 부정과 자기 포기는 기독교 전체에서도 본질적인 위치를 차지하는 화두다.

불교도 예외가 아니다. 우리나라 불교의 주류인 선불교는 '교외별전(敎外別傳), 불립문자(不立文字)'라는 말로 경전의 텍스트를 가급적 배제하고 있다. 그런 상황 속에서도 막대한 영향력을 갖는 경전이 '금강경(金剛經)'인데, 이 금강경이라는 경전도 아상(我相), 그러니까 자아의 형상에 대한 집착을 파기하라고 몇 번이고 강조한다.

사주팔자의 궁극적 진리 가운데 하나도 이 자기 부정, 자기 포기다. 예측의 기계적이고 기술적인 정확도를 떠나 사주의 높은 단계에 이른 분들은 대개 몰아(沒我)의 경지에 진입했다고 보면 된다. 그리고 이런 고수들의 운명 해설에 담긴 코드의 핵심도 사실은 '자기 포기'다. 대부분의 사주 해설이 변화로 인한 운명의 트임을 얘기하면서 동시에 체념과 수긍의 처세를 전파하는 것은 그저 역사 속에서 살아남기 위한 방책만은 아니라는 것이다.

그렇다고 사주팔자를 종교의 반열에 올릴 필요는 없다. 그러나 사주 역시 종교와 마찬가지로 사람과 세상에 대해 오랫동안 궁구(窮究)해왔고, 일찌감치 '자기 포기'의 중요성을 체득했다. 성스러움을 표방하는 종교와 달리 지극히 세속적이지만, 사주가 사람을 위로해온 기제만은 종교와 크게 다르지 않다는 얘기다.

점, 풍요로운 삶의 기호

미아리고개에서 출발한 사주 이야기가 대학가 카페촌과 스마트폰 앱 그리고 미국 심리학자의 실험실을 거쳐 종교의 영역에까지 들어섰다. 후미진 골목과 첨단의 연구실, 세속의 장소와 성스러운 공간, 온라인과 오프라인을 모두 섭렵하는 이 사주란 것은 궁극적으로 어디를 향하는가? 이 모든 이야기는 도대체 무엇에 관한 것인가?

불가지의 영역을 향해

문제는 사람의 운명을 사람이 파악할 수 없다는 것이다.

운명은 인간으로서 가늠하기 어려운 불가지(不可知)의 영역에 조용히 숨어 있다. 접근 불가의 영역에 도달하기 위해 사주는 걸음을 재촉하지만, 매번 지친 다리를 부여잡을 뿐이다. 운명은 자신에게 접근해보려는 인간들의 노력을 매번 쓸모없는 시도로 만든다. 논리를 좌절시키고 개념을 무너뜨린다.

그러나 사주는 포기하지 않는다. 도달할 수 없는 영역에 도달하기 위해 천 년 넘게 부지런히 움직여왔다. 운명의 비밀을 풀기 위해 수많은 사람들을 탐색하고, 그들의 인생 속으로 파고들었다. 위로 황제와 영웅, 호걸로부터 아래로 저잣거리의 상인 그리고 도둑과 사기꾼까지 역술인들은 삶의 다양한 스펙트럼에 관한 정보를 모으고 또 모았다.

근현대에 들어서도 그 노력은 멈추지 않았다. 역사의 새로운 전개를 통해 나타난 인간 군상들에 대한 탐구가 계속 이어졌다. 자본주의에 성공적으로 적응한 재벌가와 기업가들로부터 대중문화의 발전과 함께 떠오른 스타들까지, 기존의 사주 체계가 접하지 못했던 인간형들에 대한 새 분석틀이 만들어졌다.

삶을 다양한 유형으로 분류하고, 그 분류를 통해 운명을 설명하고자 했던 사주의 노력은 성공했을까? 미아리고개에서 출발해 종교의 영역에 이르기까지, 사주와 함께 한 긴 여정은 우리에게 어떤 답변이라도 주고 있는가? 사주는 운명을 푸는 비밀의 열쇠를 발견한 것일까?

파란만장한 삶

사주에서 말하는 '운명의 열쇠'가 진짜인지 가짜인지 우리는 확인할 수 없다. 운명은 여전히 불가지의 영역에 숨어 있고, 앞으로도 그럴 것이기 때문이다. 그러나 수많은 사람들과의 만남과 대화 그리고 위로를 통해 사주 체계는 적어도 사람들의 운명을 환기(喚起)시킬 능력을 갖게 됐다. 설명할 수 없는 누군가의 운명을 어슴푸레한 그림으로라도 보여줄 수 있게 된 것이다.

그러한 환기의 능력은 사주가 천 년 넘게 모아온 삶의 드라마, 그 무궁무진한 이야기의 창고에서 비롯됐다. 사주 체계가 특유의 프레임 속에서 수집해온 고금의 인생 스토리는 사람들의 희로애락까지 은밀하게 보존하고 있다. 황제로부터 필부필부에 이르는 많은 이들의 파란만장한 삶을, 동영상을 뛰어 넘는 감정적 밀도로 간직하고 있는 것이다.

그 데이터베이스에 담긴 삶의 스토리들은 사주를 업으로 삼는 이들의 반복적인 해설을 통해 지금도 끊임없이 전파되고 있다. 미아리에서, 대학가 카페에서, 종로의 포장마차형 미니 점집에서, 강남의 세련된 점집에서, 지리산과 계룡산에서,

온라인 사주 사이트에서, 스마트폰 앱에서 수많은 삶의 드라마가 사주풀이의 명목으로 유통되고 있지 않은가?

점은 그렇게 자기만의 방식으로 사람들과 소통한다. 운명과 관련된 다양한 메시지를 시시각각 이 세상에 주입하면서 삶을 풍요롭게 한다. 그 메시지들은 잦은 좌절과 실망, 포기로 허약해지기 쉬운 이 세상에 희망과 용기, 위로를 불어넣는다. 그 메시지를 믿을 것인가 말 것인가는 사실, 그다음 문제다.

참고문헌

김태규, 『음양오행으로 살펴본 세상사』, 동학사, 2002.

리처드 와이즈먼, 한창호 옮김, 『괴짜심리학』, 웅진지식하우스, 2008.

문용직, 『주역의 발견』, 부키, 2007.

백영관, 『비전 사주정설』, 명문당, 2002.

이지형, 『바람 부는 날이면 나는 점 보러 간다』, 예담, 2011.

조용헌, 『사주명리학 이야기』, 생각의나무, 2002.

풍우란, 『중국철학사』 상·하, 까치, 1999.

황태연, 『실증주역』 상·하, 청계, 2012.

Bertram R. Forer, 『The Fallacy of Personal Validation』, www.all-about-
    psychology.com, 2011.

사주(四柱) 이야기

펴낸날	**초판 1쇄** 2013년 6월 28일
	초판 3쇄 2016년 2월 5일

지은이	**이지형**
펴낸이	**심만수**
펴낸곳	**(주)살림출판사**
출판등록	**1989년 11월 1일 제9-210호**

주소	**경기도 파주시 광인사길 30**
전화	**031-955-1350** 팩스 **031-955-1355**
홈페이지	**http://www.sallimbooks.com**
이메일	**book@sallimbooks.com**

ISBN	**978-89-522-2681-5** **04080**

026 미셸 푸코   `eBook`

양운덕(고려대 철학연구소 연구교수)

더 이상 우리에게 낯설지 않지만, 그렇다고 손쉽게 다가가기엔 부담스러운 푸코라는 철학자를 '권력'이라는 열쇠를 가지고 우리에게 열어 보여 주는 책. 권력은 어떻게 작용하는가에서 논의를 시작하여 관계망 속에서의 권력과 창조적·생산적·긍정적인 힘으로서의 권력을 이야기해 준다.

027 포스트모더니즘에 대한 성찰   `eBook`

신승환(가톨릭대 철학과 교수)

포스트모더니즘의 역사와 논의를 차분히 성찰하고, 더 나아가 서구의 근대를 수용하고 변용시킨 우리의 탈근대가 어떠한 맥락에서 이해되는지를 밝힌 책. 저자는 오늘날 포스트모더니즘으로 대변되는 탈근대적 문화와 철학운동은 보편주의와 중심주의, 전체주의와 이성 중심주의에 대한 거부이며, 지금은 이 유행성의 뿌리를 성찰해 볼 때라고 주장한다.

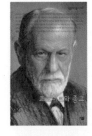

202 프로이트와 종교   `eBook`

권수영(연세대 기독상담센터 소장)

프로이트는 20세기를 대표할 만한 사상가이지만, 여전히 적지 않은 논란과 의심의 눈초리를 받고 있다. 게다가 신에 대한 믿음을 빼앗아버렸다며 종교인들은 프로이트를 용서하지 않을 기세이다. 기독교 신학자인 저자는 이 책을 통해 종교인들에게 프로이트가 여전히 유효하며, 그를 통하여 신앙이 더 건강해질 수 있다는 점을 보여 주려 한다.

427 시대의 지성 노암 촘스키   `eBook`

임기대(배재대 연구교수)

저자는 노암 촘스키를 평가함에 있어 언어학자와 진보 지식인 중 어느 한 쪽의 면모만을 따로 떼어 이야기하는 것은 불합리하다고 말한다. 이 책에서는 촘스키의 가장 핵심적인 언어이론과 그의 정치비평 중 주목할 만한 대목들이 함께 논의된다. 저자는 촘스키 이론과 사상의 본질에 다가가기 위한 이러한 시도가 나아가 서구 사상을 받아들이는 우리의 자세와도 연결된다고 믿고 있다.

024 이 땅에서 우리말로 철학하기

이기상(한국외대 철학과 교수)

우리말을 가지고 우리의 사유를 펼치고 있는 이기상 교수의 새로운 사유 제안서. 일상과 학문, 실천과 이론이 분리되어 있는 '궁핍의 시대'에 사는 우리에게 생활세계를 서양학문의 식민지화로부터 해방시키고, 서양이론의 중독으로부터 벗어나야 한다고 역설한다. 저자는 인간 중심에서 생명 중심으로의 변화와 관계론적인 세계관을 담고 있는 '사이 존재'를 제안한다.

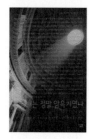

025 중세는 정말 암흑기였나   eBook

이경재(백석대 기독교철학과 교수)

중세에 대한 친절한 입문서. 신과 인간에 대한 중세인의 의식을 다루고 있는 이 책은 어떻게 중세가 암흑시대라는 일반적인 인식을 가지게 되었는지에 대한 물음을 추적한다. 중세는 비합리적인 세계인가, 중세인의 신앙과 이성은 어떠한 관계를 갖고 있는가 등에 대한 논의를 하고 있다.

065 중국적 사유의 원형   eBook

박정근(한국외대 철학과 교수)

중국 사상의 두 뿌리인『주역』과『중용』을 철학적 관점에서 접근한다. '산다는 것은 무엇인가?'라는 근원적 질문으로부터 자생한 큰 흐름이 유가와 도가인데, 이 두 사유의 흐름을 거슬러 올라가다 보면 그 둘이 하나로 합쳐지는 원류를 만나게 된다. 저자는『주역』과『중용』에 담겨 있는 지혜야말로 중국인의 사유세계를 지배하는 원류라고 말한다.

076 피에르 부르디외와 한국사회   eBook

홍성민(동아대 정치외교학과 교수)

부르디외의 삶과 저작들을 통해 그의 사상을 쉽게 소개해 주고 이를 통해 한국사회의 변화를 호소하는 책. 저자는 부르디외가 인간의 행동이 엄격한 합리성과 계산을 근거로 행해지기보다는 일정한 기억과 습관, 그리고 사회적 전통에 영향을 받는다는 사실로부터 시작한다는 점을 강조한다.

096 철학으로 보는 문화

eBook

신응철(숭실대 인문과학연구소 연구교수)

문화와 문화철학 연구에 관심 있는 사람을 위한 길라잡이로 구상된 책. 비교적 최근에 분과학문으로 등장하기 시작한 문화철학의 논의에 반드시 들어가야 할 요소를 선택하여 제시하고, 그 핵심 내용을 제공한다. 칸트, 카시러, 반 퍼슨, 에드워드 홀, 에드워드 사이드, 새무얼 헌팅턴, 수전 손택 등의 철학자들의 문화론이 소개된다.

097 장 폴 사르트르

eBook

변광배(프랑스인문학연구모임 '시지프' 대표)

'타자'는 현대 사상에 있어 가장 중요한 개념 중 하나이다. 근대가 '자아'에 주목했다면 현대, 즉 탈근대는 '자아'의 소멸 혹은 자아의 허구성을 발견함으로써 오히려 '타자'에 관심을 갖게 되었다. 그리고 타자이론의 중심에는 사르트르가 있다. 사르트르의 시선과 타자론을 중점적으로 소개한 책.

135 주역과 운명

eBook

심의용(숭실대 강사)

주역에 대한 해설을 통해 사람들의 우환과 근심, 삶과 운명에 대한 우리의 자세를 말해 주는 책. 저자는 난해한 철학적 분석이나 독해의 문제로 우리를 데리고 가는 것이 아니라 공자, 백이, 안연, 자로, 한신 등 중국의 여러 사상가들의 사례를 통해 우리네 삶을 반추하는 방식을 취한다.

450 희망이 된 인문학

eBook

김호연(한양대 기초·융합교육원 교수)

삶 속에서 배우는 앎이야말로 인간의 운명을 바꿀 수 있는 기회를 준다. 그래서 삶이 곧 앎이고, 앎이 곧 삶이 되는 공부를 하는 것이 무엇보다 중요하다. 저자는 인문학이야말로 앎과 삶이 결합된 공부를 도울 수 있고, 모든 이들이 이 공부를 할 수 있어야 한다고 믿는다. 특히 '관계와 소통'에 초점을 맞춘 인문학의 실용적 가치, '인문학교'를 통한 실제 실천사례가 눈길을 끈다.

eBook 표시가 되어있는 도서는 전자책으로 구매가 가능합니다.

(주)살림출판사
www.sallimbooks.com
주소 경기도 파주시 문발동 522-1 | 전화 031-955-1350 | 팩스 031-955-1355